攻めの節約

「金持ち脳」になって
自由な人生を手に入れる

Tadashi Ubukata
生方 正

WAVE出版

はじめに
――億万長者への第一歩は「正しいお金の使い方＆節約」から

突然ですが、皆さんに質問です。

あなたの自宅から２００メートル離れたスーパーで、定価１２０円のペットボトルの水が１００円で売られていたとします。一方、毎日の帰り道沿いにあるコンビニエンスストアでは定価です。

あなたはどちらで買いますか？

「コンビニで買う」と答えた方は、お金持ちになれる素質があります。「スーパーで買う」という方は、もしかしたら考え方やライフスタイルを見直したほうがいいかもしれません。

この理由は、のちほど、本書の第1章で詳しく説明します。

はじめまして、生方正と申します。

私は高校を卒業後、海上自衛隊に入隊し、28年奉職して46歳で退職しました。在職中に不動産投資を行ない、約2億円の資産を築きました。

「億の資産を築いてアーリーリタイアした」と言うと、「学生時代から優秀だったのですね」と勝手な想像をする方がいます。

恥ずかしながら、私は勉強が苦手なうえに取り柄のない人間でした。

大学に行きたくても学力不足のため受験することを断念。就職先として選んだのは海上自衛隊。志望の動機は「任務で海外に行ったときに免税品を買える」「受験倍率が高くないので採用してもらえる」――そんな打算的な考えからでした。

入隊して2年間は、体力錬成、教育、実習に追われる生活に耐えました。社会的に一人前と見られる下士官に昇任することを優先して青春を捧げたのです。

3等海曹昇任後の余暇は、スキー、スノーボード、バイク、ダンス、スキューバダイビング、スカイダイビングなど幅広いアクティビティに挑戦しました。

やがて、海外旅行の素晴らしさを知り「老いる前に、ユーラシア大陸横断のような旅をしたい」そんな夢を持つようになりました。

自分のやりたいことが明らかになると、達成に必要なリソースが「お金」「時間」「体力」

の3つであることに気づきました。「体力」は仕事で鍛えているのでケガに気をつけることでクリアできます。

「お金」を手に入れるため、プライベートの時間を読書やセミナー受講など蓄財に関することに投下するようになりました。

もともと豪快な投資ができるような器を持っていないため、小さな取引を重ねる投資スタイルを貫きました。おかげで、リーマンショックをはじめ、これまでに何度か大ショックがあっても市場から退場させられることなく、46歳で2億円の資産を築くことができました。

能力が高くなかった私が資産を築けた理由は「お金を貯める目的が明確だった」「長期目線で蓄財に取り組んだ」「稼ぐのに必要な知識を学びつづけた」からです。

しかし、一番の成功要因は「投資を拡大する前から節約に向き合って正しいお金の使い方を考えていた」ことにあります。

たとえば、「30パーセントオフの見切り品を買ったら30パーセントの得をする」と単純に考えるのではなく、移動に要した交通費や時間までも考慮して、損得を判断する思考ができていたのです。

公務員でありながら費用対効果に敏感であり「必要な情報を得るための高額セミナー」「確定申告を専門家に依頼する」ような支出は惜しまずに投資。

半面、「いわれのないお金やムダなモノには1円たりとも払わない」という徹底した考えで投資や日々の生活に向き合いました。

早い段階から節約に取り組んだことは、複利の力を利用して投資の元手を増やすことにもなりました。結果的に、生涯獲得収益を増やしたことになります。

また、日々の支払いをクレジットカードで決済しつづけたことで、退職した時点で、地球4周分のマイレージが貯まっていました。

つまり、節約は蓄財の基本であり、自身や家族を助ける大切なスキルになるのです。

投資による損は自己資金を大きく減らすリスクがありますが、節約で失う金額はたかが知れています。毎日の支出に真剣に向き合って、お金の仕組みを基本から学んでみてはいかがでしょうか?

節約リテラシーが高くなるにつれ、昨今世間を騒がせた「老後2000万円問題」を解決することも難しくないと気づくはずです。

目次

contents

第1章 がんばって節約してもお金がなかなか貯まらない理由

第2章 毎日の買い物を戦略的にすることでお金がどんどん貯まる

第3章 生活費の「正しい減らし方」はわかっていますか?

第4章 生活パターンを変えるとお金がどんどん貯まる

第5章

節約を極めることで「金持ち脳」が手に入る

構成　村上善康、谷口讓曜

校正　小倉優子、花本夏輝、柴田桃子、梶谷彰

編集協力　板橋祐斗、前田浩司

ブックデザイン　bookwall

本文図版＆DTP制作　津久井直美

プロデュース＆編集　貝瀬裕一（MXエンジニアリング）

第1章

がんばって節約しても
お金がなかなか
貯まらない理由

01-01 私が億万長者になった今も節約生活を続けている理由

節約を心がけている資産家はたくさんいる

億万長者というと「高級車に乗って派手な女性を連れている」――そんなイメージを持つ方も多いのではないでしょうか？

しかし、世界一の投資家ウォーレン・バフェットは長女に「車が古すぎて格好悪い」と言われるまで型遅れの車を乗りつづけました。また、マイクロソフトの創業者ビル・ゲイツも「到着時間が同じ」という理由で飛行機のエコノミークラスを好んで利用していました。このように、節約を心がけている資産家はたくさんいます。

当たり前ですが、毎月の収入よりも、支出が少なければ貯金は増えます。月２０００円の貯金を1年間継続して貯まる金額は２万４０００円、10年で24万円です。

貯金がわずかだったとしても、借金がある人に比べれば立派ですが、この貯金額では、収入が途絶えたとたんに貯金を使い果たして困ることになります。

安定した生活を送るためには、収入が途絶えても最低でも６カ月間、生活できる貯金を確保しておく必要があります。

たとえば、生活費30万円の家庭であれば１８０万円です。

仮に貯金額を３６０万円まで増やせると、たとえ無収入の状態であっても1年間生活を維持することができます。つまり、目先の生活費を稼ぐために、やりたくない仕事に飛びつくように就職してしまい、あとで苦労するとか、再び転職活動を始めるといったことを回避できるのです。

金銭的に余裕があると、職探しや事業の立て直しにあせらずに取り組めるので、自身や家族の窮地を救うことになります。

「収入を増やす」→「ムダな支出を減らす」→「手元に残るお金を増やす」サイクルを作る

貯金と同じくらいに大切なのは、支出の見直しです。

考えることなく契約している電力供給会社、補償過剰な保険料、毎月支払う住宅ローン金利、携帯電話の契約プランなど、ムダがないか見直して生活費を下げるのです。

毎月の支出を5万円下げられれば、年間の支出を60万円抑えられるため、貯金を使い果たすまでの期間を後ろに延ばすことができます。

さらに、毎月浮いた5万円を安定した投資に回せば、毎年数千円の不労所得が生まれ、家計は安定する方向に進み、生活に困ることから遠ざかることができます。

つまり、**生活を安定させたい人は、「収入を増やす努力をする」**だけでなく、**「ムダな支出を切り詰める」「浮いたお金を貯蓄に回す」ことを同時に行ない、「収入を増やす→ムダな支出を減らす→手元に残ったお金を増やす」サイクルを作る**ことが大切なのです。

私は20代から徹底した節約に取り組み、投資の元手となる資金を作りました。30歳から手探りで投資を始めて、46歳で早期退職したときの資産は2億円。現在、給与収入はありませんが、退職前に取得した投資用不動産により年間1000万円以上の収益を得ています。

2億円の資産に毎年1000万円の安定収入があるので、それなりに派手な生活を送ることはできますが、実際はとても質素に暮らしています。友人や投資家仲間と会うときに豪華な店で会食するくらいで、高級車に乗ったり、高級クラブでシャンパンを空けることに興味はありません。

私がお金をかけることは、旅行やセミナーなど自分の視野が広がり、知識や経験が増えることに限られます。たまに、一流ホテルやレストランを利用することもありますが、それも一流のサービスがどんなものかを知るためです。

いずれにしろ、支払う価値があるものには、高額であっても即決しますが、不要なモノには1円たりとも支出しません。確固たるお金を使う基準を持っているのです。

ムダづかいをすることは、苦労して手にした収入を気前よくばらまくことと同じです。「支出する前によく吟味する」「支出したあとは、それから何かを得る」――この思考ができているから資産が増えるのです。

結論

・お金が貯まる人は支出する基準が明確になっているので、ムダなモノにお金を使わない。
・お金が貯まる人は、支払ったものから、必ず何か（経験や知識など）を得ることを心がけている。
・「支出する前によく吟味する」「支出したあとは、それから何かを得る」の2つが身についたら、10年もたたずにお金持ちになれる。

01-02 貧乏になる間違ったお金の使い方＆節約

その支出は本当に必要ですか？

お金は、車や家、スマホや家電、旅行や食事など、あらゆるモノやサービスと交換することができます。もちろん、趣味や資格取得など、知識や経験を得ることにも使えるとても便利なツールです。しかし、気をつけなければならないのは、商品やサービスを受け取るとき、その対価として自分の持っているお金を支払わなければならないことです。

お金が貯まらない人は、往々にして目先の欲しいモノを手に入れることにお金を使っています。

たとえば、お得だと思いバーゲンで買ったものの着ていない服、飲み会でお腹いっぱいお酒を飲んだあとに食べるラーメンやスイーツ、あるいは旅先で衝動買いしたTシャツやキーホルダー、数日で使わなくなった美顔器や脱毛器など――皆さんにも思い当たるふしがあるのではないでしょうか？

それに対して、**お金が貯まる人は、目先の欲にかられて支出するのではなく、「将来、自分に利益をもたらしてくれるモノ、コト」に支出します。**

将来、利益をもたらしてくれる支出とは次の3つです。

①知識への投資
②時間を生み出すモノへの投資
③経験への投資

それぞれ見ていきましょう。

①知識への投資

「正しいお金の使い方」「正しい時間の使い方」ができるようになるためには、正しい知識や考え方を身につける必要があります。

思考を改善するためには、自己啓発系のセミナーを受けるのが近道ですが、受講しただけで終わらせないために、自分自身の知識を受講前に増やしておくことが大切です。「人生を好転させたい」と本気で思うなら、成功者の考え方が学べる書籍を20～30冊程度読む必要があります。

人によっては仕事が忙しくて、1カ月に2～3冊の読書をすることも難しいかもしれません。しかし、ここに時間を割かないと、いくら高額なセミナーを受講しても表面的な部分しか理解できず、実際に行動を変えるまでにいたりません。「確固たる目標がない」のであれば、最初の1年は読書に費やし、将来、受講するセミナーの内容をしっかり理解し、行動に移せるように、事前に頭を鍛えておくことが大切です。

②時間を生み出すモノへの投資

自己成長するために読書したり、セミナーを受講するようになると、時間のやりくりが大変になります。そんなときは、「新幹線、特急列車、タクシーなどを利用して移動時間を短縮する」「食洗器やお掃除ロボットなどを生活に取り入れて家事に費やす時間を減らす」というのもいい投資になります。

ほかにも、確定申告を税理士にまかせるなど、お金を使ってプロの力を借りることで時間を捻出してもいいでしょう。このような支出は、立派な投資です。

③経験への投資

知識とお金があるだけでは、人間としての厚みに欠けます。まわりの人からもそのように見られます。他人からの共感を得るとき、「共通の話題」や「誰もが話を聞いてみたくなるような面白い経験談」があると会話の助けになります。

たとえば、「大気圏から地球を見た」「キリマンジャロに登った」などスケールの大きい話はもちろん、「知床海岸の露天風呂に入った」「諏訪大社を参拝した」といった身近なことまで、経験が多いほど人との会話をふくらませることができるのです。

人との会話が盛り上がったからといって、お金が増えるとは限りませんが、そもそもお金は仕事や人からのご縁、情報がきっかけとなって増えるものです。つまり、**広くて円滑な人間関係を築くことは、結果的に富をもたらします。**

このように考えると、経験にお金を投資して人生に厚みを持たせることは、かしこい使い方といえるでしょう。

結論

- 「人生を好転させたい」と本気で思ったら、いきなり高額の自己啓発セミナーに参加するのではなく、まず成功者の考え方が学べる本を20～30冊読んで基礎知識を身につける。
- 学習時間を確保するために、移動や家事に使う時間の短縮を目的とした支出（新幹線の利用や掃除ロボットの購入など）は立派な投資である。
- お金を経験値を上げるために使い、人間的に成長する。魅力的な人間になれば、さらに仕事や情報が集まって、結果的にお金を増やすことにつながる。

01-03 「そもそも何のために」節約をしているのかを考え抜こう

「実現したいこと」を記録することで実現の確率が格段に高まる

皆さんは「バケットリスト（Bucket List）」をご存じでしょうか？　自分が死ぬまでにやりたいことを書き留めるリストです。

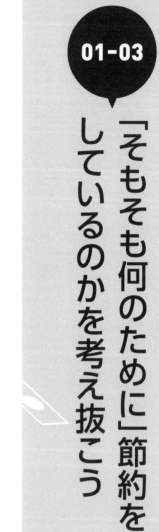

たとえば、「スタバのフラペチーノをフルカスタムで注文する」「恋人とディズニーランドに行く」といった身近なことから、「書籍出版」「世界一周旅行をする」といった難易度の高いことまで自由に羅列します。

もちろん、書いたことが実現できなくても、他人から罰せられたり、笑われたりすることはありません。しかし、この強制力のない**リストをつけるだけで、達成率は大きく高まります。**

私は20代の頃から海外旅行が好きでよく出かけていました。

当時は、インターネットが普及する前だったため、旅の情報源はテレビや雑誌が中心でした。私は行きたい場所や実行したいことを見つけたときは、すかさずノートに書き留めるようにしていました。

たとえば、テレビ番組「世界ふしぎ発見」で、黒柳徹子さんが「南インドに、おいしい赤いバナナがある」と言ったときは、ノートに「インドで赤いバナナを食べる by　世界ふしぎ発見」と記入しました。

実際に赤いバナナを口にしたのは、メモしてから5年後の1998年、インドのコーチンを訪れたときでした。

どんなに記憶力のいい人でも、毎日、大量の情報を詰め込まれているうちに、記憶は上書きされ、あいまいになってしまいます。ですから、自分が実現したいことを書き留めておくことは、実現できる確率を格段に高めてくれます。

￥ お金は人生の目的を達成するための手段

バケットリストをつけるもう1つのメリットは、自分の進みたい方向が見えてくることです。

私のリストには現在、約500項目のやりたいことが書かれています。「読みたい本」「視聴する映画」「大学で講義する」「雑誌『PRESIDENT』に特集される」など、内容は雑多ですが、全体の80パーセントは旅行と情報発信に関することです。

つまり、リストの項目が増えれば増えるほど、「自分がどんな人生を送りたいのか」が明確になるのです。

私の人生の目的は「旅行で経験したことを文章にして人に伝えること」です。

それを実現するために必要なタスクは次の3つです。

①投資により年間500万円以上の利益を出す。
②旅に出る。
③旅先で経験した面白いことを文章にまとめて発信する。

自分の目標を知ることができれば、実現方法が具体的になり、達成するまでの時間を大幅に短縮できます。

そもそも、自分がやり遂げたいことが決まっていなければ、まわりの空気に流され、自分を律することは難しいものです。

たとえば、友人５人と寿司屋に入って、自分以外の５人が特上を注文しているのに、「自分は実現したいことに必要な資金を貯めるために、今日は並でガマンする」などと言える人は、ほとんどいないでしょう。

また、目標を持っている人と持っていない人とでは、得られる結果は大きく変わります。

仮に、貯金０円の浪費家が神さまから「１年以内に５００万円貯めないと命を奪うからな！」と言われたら、怠惰な浪費生活をすぐさま改め、部屋の不要品を売り払い、不足分のお金を貯めるために寝食も忘れて仕事に取り組むはずです。

つまり、**明確な目標は、行動や思考を一瞬で変えるほどの大きな力を持っているのです。**

結論

・死ぬ前に実現しておきたいことをバケットリストに書き込もう。書くことで記憶に残り、実現する可能性が高くなる。
・やりたいことをバケットリストにたくさん書き出すことで、自分の人生の目標を知ることができる。人生の目標がわかると、実現するために必要なプロセスが明確になる。
・人生の夢を実現するのに必要な資金や時間を意識することで、お金や時間のムダづかいが減る。
・「やりたいこと」を書いてみよう。

（　　　　　　）（　　　　　　　　　　）
（　　　　　　）（　　　　　　　　　　）

01-04 貧乏人は節約しているつもりでお金をドブに捨てている

払う前に「金額に見合っているか？」を必ず考えよう

以前ユーチューブで「お金をドブに捨てている」動画を見たことがあります。ちょっと衝撃的でした。ただ、それはあくまでエンターテインメントとして捨てて見せただけで、実際にお金をドブに捨てるような人はいないでしょう。なぜなら、誰もがお金は大切なものだと認識しているからです。

しかし、「価値がある」とわかっているにもかかわらず、実際には「ドブに捨てる」のに等しいムダづかいをしてしまう人が多いのはなぜなのでしょう？

たとえば、「美容皮膚科のニキビ治療や高級エステ」「キャバ嬢やホストに入れあげる」「途中で挫折した資格取得」「怪しい高額セミナー」「成果が出ないコンサルタント料」など、数えあげれば切りがありません。

これらのサービスのすべてがムダというつもりはありません。しかし、支払った金額に見合った効果が得られなければ、結局は「死に金」です。

では、なぜ人は「死に金」に大切なお金を使ってしまうのか？

その理由は主に次の3つです。

①長年抱えているコンプレックスを短期間で解消できる。
②本来は時間がかかる資格や能力の取得を短時間で身につけられることへの期待。
③購入するまでのプロセスが心地よいので、その快楽を得るために支払ってしまう。

セールスする側は「購入することで得られるさまざまなメリット」「お値打ちな価格」「今、買うことがお得な理由」などの情報を上手に伝えてきます。なぜなら、購入をすすめることが彼らの仕事であり、販売することが彼らの収入になるからです。

¥ お金の使い方には「消費」「浪費」「投資」の3種類がある

では、セールスする側に乗せられて、お金をドブに捨てないようにするためにはどうすればいいのでしょうか？

それには、お金の使い方には「消費」「浪費」「投資」の3種類があるとしっかり知ることです。

・消費……家賃や食費、光熱費、携帯電話料金、交通費など、生活に必要な支出。
・浪費……衝動買いしたバッグ、普段何気なく食べているコンビニスイーツ、意味のない飲み会など、支払った額以上の見返りが期待できない失費。
・投資……書籍、資格取得の費用（セミナー受講料など）、健康増進のための食品やスポーツクラブの会費、地位や実力のある方とご縁を結ぶための交際費など、将来の自分に利益をもたらす出費。

一般的に、「消費7：浪費1：投資2」の比率が良いといわれていますが、私はアー

リタイアして世界旅行に出かけることを目的としていたため、「消費4：浪費1：投資5」になるようにやりくりしていました。

たとえば、「出かけるときに雨が降りそうなら折りたたみ傘を持つ」「電車に乗り遅れないように心がけ、タクシーを利用しない」「お酒を飲んでも自分の持ち物に気を配り紛失を防ぐ」など、不注意から生まれる浪費や消費を防ぐようにしました。

また、日頃から不動産や株式投資に関する読書、動画視聴、セミナー受講、旅行など、「すぐにリターンが望めないが将来返って来る」ものにお金と時間を投下してきました。

月給30万円の人が自己投資に30万円支出するのは大変勇気がいることです。

もし、購入したサービスが役に立たなければ、失ったお金を取り戻すのに収入の10パーセントを貯金しても10カ月かかります。

しかし、投資をまったくせずに人生を好転させることは難しいことも事実です。

大切なのは、支出するたびに、このお金は「消費」「浪費」「投資」のうちのどれなのか？——常に自問自答することです。

たとえうっかり「浪費」をしてしまっても、「どのようにしたらそれを投資に転換できるか？「回収できるか？」と考えるクセをつけることです。

この考えを身につけたら、10年もかからずに経済的自由人になれるはずです。

結論

・支出するときは、常に「消費」「浪費」「投資」のどれに当てはまるかを考える。

・一般的には、「消費」「浪費」「投資」の比率は「7：1：2」が最適とされているが、「投資」への比率を高めれば、その分、経済的自由に近づく。

・コーヒー1杯を注文するときでも「この支出から何が得られるか？」と考えるクセをつける。

・自分にとっての「消費」「浪費」「投資」は何か？　書き出してみよう。

消費（　　　　）（　　　　）（　　　　）

浪費（　　　　）（　　　　）（　　　　）

投資（　　　　）（　　　　）（　　　　）

01-05 絶対禁止！　こんな節約はやってはいけない

いきなり「収入ゼロ」になっても困らない金額の貯金を貯めておく

日本人の家計金融資産のうち、現預金の占める割合は52パーセント。アメリカやスウェーデンの13パーセントに比べると、日本の家計は4倍ものお金を寝かせていることになります。

また、金融広報中央委員会の調査で「日本の3割の世帯は貯蓄がない」という結果が出ています。

つまり、「勤勉で貯金好きな日本人」のイメージは昔の姿であり、今の日本には病気やケガ、リストラ、勤め先の倒産などのアクシデントに見舞われたときに、すぐに生活に困窮する人が一定数いることになります。

先ほども言いましたが、貧困におちいらないためには、一定期間収入が途絶えても困らない金額を貯蓄しておく必要があります。しかし、やみくもに節約すると「かえって貯金が減る」「労力に見合わず損をする」「ストレスが増える」「人生が貧しくなる」といった結果を招くことになります。

ひとまず次の2つのことに気をつけましょう。

①クーポンやポイント倍増の落とし穴に注意

お店のホームページなどに掲載されている5パーセント割引券、デザート無料クーポン、会計時にもらえる次回大盛無料券、SNSで送られて来るハンバーガーショップやピザ屋の電子クーポンなど、さまざまなクーポンがあります。

クーポンを見せるだけで1080円のハンバーガーセットが780円で買えるということは、提示の一手間で出費を300円抑えたことになります。ほかにも居酒屋で530円の生ビールが半額、牛丼のテイクアウトが30円引きなど、クーポン利用による節約はバカにできません。

さらに、クーポンの利用が習慣になると、複数のクーポンの中から割引率の高いものを選び、さらに支出を減らすことができるようになります。

このようにお得なクーポンですが、気をつけなければならないことが1つあります。それは、「割引を受ける」「ポイントを貯める」ことが目的になってしまうことです。

たとえば、「水曜日は、あのお店でポイントが3倍」「今週はマクドナルドのコーヒーが半額で飲める」など、ポイント倍増やクーポン割引につられて、お金を使うようになるのです。そもそもの目的は「支出を抑える（出ていくお金を減らす）」ことだったはずなのに。

「クーポンが使えるから」という理由だけでスイーツを買っても、おいしさは半減、よけいなカロリー摂取を増やすだけです。結果的にムダな支出です。

ですから、**クーポンを利用して「お得感を味わう」というよりは、「本当に必要なものを安く手に入れるために使う」と考えるようにしましょう。**

②時間と交通費との兼ね合いを考慮したうえで判断する

節約上手になるためには、「ムダなお金を使わない」だけでなく、「ムダな行動をとらない」ことを心がけることが大切です。

たとえば、家から200メートル離れたスーパーで定価120円のペットボトルの水が100円で売られていたとします。一見お得に感じますが、往復で400メートル移動するうえ、商品を手に取ってレジに並ぶことを考えると、この買い物をするためだけに7～8分の時間を使うことになります。

仮にあなたが1時間に1200円稼げるのであれば、8分は160円分に相当します。その場合、「20円を節約するために8分使う」ことは、「20円を節約するために160円使った」のと同じことになります。こんなことなら、20円高くても帰宅途中に立ち寄るコンビニで購入したほうが割安です。

私は水を購入するのは自宅から1キロ離れたディスカウントストアと決めています。120円のペットボトルの水が60円で売られているので、日用品を購入するついでに20～30本まとめて買っています。店までの移動手段はバイクなので、輸送にかかる時間もコストも抑えられますし、外出時には別の用事も片づけるのでムダがありません。

安く手に入れた水は外出するときに持ち歩き、外出先では水を買わないようにしています。仮に1本当たり60円のコストカットであっても、年間100本、飲めば6000円もの差になります。

このように買い物するときは、移動に要する時間や、消費するガソリンなど、移動コストも考慮したり、できるだけほかの用事と組み合わせるようにしましょう。

結論

・お金を貯めることは重要だが、やみくもに節約すると「かえって貯金が減る」「労力に見合わず損をする」「ストレスになる」「人生が貧しくなる」ので注意。

・クーポンやポイント増量などの割引につられて、必要でないモノやサービスを買ったり、食べたくもないモノを食べるのは節約ではない。また、クーポンを使うことやポイントを貯めることは目的ではなく手段である。

・買い物をするときは値段だけでなく、買い物に使う時間や交通費を考慮する。また、外出するときは、ほかの用事も一緒に済ませることを心がける。

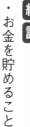

01-06 お金を「残す」ではなく「増やす」と考えると節約がうまくゆく

「銀行に預けたらお金が増える」というウソ

日本人は子どもの頃から「貯金することはいいこと」だと教わって育った人がほとんどです。

「金利の高い定期預金を積み立てるのがお金を増やすコツだ」と、まわりの大人から聞かされた人は多いのではないでしょうか。

バブルの弾けた1991年以降、リーマンショック、東日本大震災など、経済成長にダメージを与える出来事がいくつも発生し、現在、日本経済は停滞しています。

バブルが崩壊した1990年代の初めの頃は6パーセント程度だった政策金利も右肩下がりに落ち込んで、現在はマイナス。私たちが銀行にお金を預けても受け取れる金利は0・001パーセントと、ないも同然です。

つまり、**「銀行に預けたらお金が増える」という時代はとっくに終わっており、今は「目減りするリスクにどう対抗するか？」を考えなければならない時代になっています。**

銀行に預金する前に知っておきたい3つのリスク

①手数料のワナ

100万円を0・001パーセントの普通預金に預けて得られる利息は年間100円。利息から20・315パーセントの税金が引かれるので純粋に増えるお金は約80円。

それに引き換え、提携外の金融機関から預金を引き出すと、昼間110円、夜間220円の手数料がかかります。仮に毎月1回、110円の手数料を支払ったら、年間で1320円です。

また、最近はキャッシュカードや通帳の発行に1100円、口座残高が1万円未満で2年以上入出金していない口座は未利用口座として1320円の手数料を徴収する銀行も出てきました。ルールは銀行により異なりますが、今まで無料だったサービスが徐々に有料化される流れになっています。

利息だけでなく、手数料にも注意して金融機関を選ぶことが大切です。

②物価上昇リスク

1991年以降、低迷が続いた経済状況はかつて「失われた20年」と呼ばれ、もはや「失われた30年」になります。この期間から現在まで、平均賃金は上昇していません。

一方、物価はどうでしょう？　郵便料金、鉄道運賃、食品、衣料などさまざまなモノとサービスの価格が上がりました。そもそも消費税が値上げされたことは、原材料の仕入れから、生産に必要な電気代、物流に使うガソリン、商品を入れる容器など、すべてのコストを押し上げることになります。それに加え、世界で小麦、とうもろこし、水産物に対する需要が増えたことにより輸入コストが上がり、スナック菓子は値段がそのままで内容量が少なくなる「ステルス値上げ」が行なわれています。

昭和31年（1956）のアンパン1個の値段は約12円、現在の価格は約120円です。つまり、65年間で価格が10倍になっています。もちろん、商品によって価格の上がり方に違いはありますが、基本的にモノやサービスの価格は上昇するのです。

そして、物価が上がるということは、その分だけお金の価値が下がるということです。たとえば、物価が毎年1パーセント上昇するとしたら、金利がほとんどつかない銀行預金やタンス預金のお金の価値は1パーセントずつ目減りするということなのです。

③銀行倒産、資産凍結リスク

平成の間（1989〜2019年）だけで2桁以上の金融機関が破綻しました。

しかし、「銀行、信用金庫が倒産しても預金保険機構が保証してくれるので安心」と考えている方も多いと思います。

確かに、預金者の預けたお金と金利は1000万円まで補償されます。

「1000万円も口座に入っていないので問題ない」、または「1000万円を超えているが、金利のつかない決済用預金（当座）に入れているので大丈夫」と、考える方も多いと思います。しかし、仮に銀行が破綻した場合、破綻に関する事務処理が終わるまで、口座は凍結されるため、お金を引き出すことができなくなります。

つまり、**資金を預けている金融機関が破綻した場合、会社の運転資金や生活費を引き出すことができないのです。**

どんなに、銀行と古い付き合いがあり信頼関係があったとしても、資金を1カ所に預けることは大きなリスクになります。

結論

・銀行預金で得られる利息はごくわずか、キャッシュカードの発行手数料、ATMの利用手数料などを支払うことで、預金は減る。

・毎年、物価は上昇するので、その上昇率よりも高い利回りでお金を運用しないと、資産は目減りする。

・万が一、金融機関が破綻したとしても、1000万円まで預金は保護される。しかし、破綻の事務処理が終わるまで、口座は凍結されてしまうので、お金は1カ所にまとめないで、分散して預ける。

01-07 あなたの貯金が増えない3つの原因

今の世の中は「お金が貯めにくい」構造になっている

ほとんどの人が就職したら、貯金ができると思っていたのに、実際には思うように貯められないのはなぜだと思いますか？

社会人1年目は、スーツ、バッグ、時計、靴といった社会人としての身だしなみを整えるのに必要な服飾費などの出費があります。また、ボーナスもほとんど出ないため、お金を貯めるのは困難です。では、出費が減る2年目以降から貯金ができるようになるのかといったら、そうでもありません。

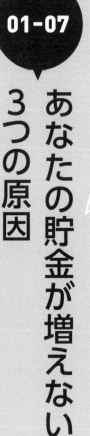

なぜなら、**世の中が「貯金することが難しい構造」になっている**からです。
ここでは、あなたの貯金が思ったように増えない3つの原因についてお伝えします。

①パーキンソンの法則

「支出の額は、収入の額に達するまで膨張する」——イギリスの歴史学者・政治学者のパーキンソンが提唱した法則です。「月収30万円の人は、往々にして支出が30万円までふくらむ」、つまり「貯金することは難しい」という意味です。

多くの人が、まわりの人が全員持っているのに自分だけが持っていないモノがあると、「乗り遅れている」「ダサいと思われるのがイヤ」という心理が働き、「自分には必要ない」「本当は欲しくない」とわかっていても購入してしまいます。

そもそも、なぜ私たちはモノを欲しがるのでしょうか？
それは、町を歩けば看板、電車に乗れば中吊り広告、テレビを見たらCM、インターネットに接続したらバナー広告など、常に広告を目にしているからです。

本来、お金を使うときの基準は「みんなが持っているから」ではなく、「自分に必要かどうか」で判断するべきです。よけいな支出をしないためには、一定金額を積立預金口座に貯める仕組みを整え、限られた予算内で生活をやりくりするのです。

今の世の中は、強い自制心なしに貯金することが難しいのです。

②所得税、社会保険料、各種税金のワナ

経営者、経理担当、税理士を除くと、「自分がどれくらい税金を支払っているのか」をきちんと把握できている人はいません。

サラリーマンは「毎年11月に経理に年末調整を提出するだけ。手間がかからなくてラク」「どうせ税金の支払い額を自分でコントロールできないので考えても仕方ない」などという思考でいると、自分がいくら税金を支払っているのかがわからないばかりか、節税に考えがいたらず、国に定められた通りに納税しつづけることになります。

日本における所得税の課税方式は累進課税《るいしんかぜい》です。「累進」という言葉の通り、所得が増えるにしたがって税率が上がります。

30代男性の平均年収は４８４万円。独身の所得税は次のように算出されます。

484万円を「国税庁の示す給与所得控除後の給与等の計算表」に照らし合わせた金額は343・2万円。ここから、基礎控除48万円と社会保険料（想定金額）52万円を引くと残りは243・2万円。そして、これを「所得税の速算表」に当てはめると納税額は14・57万円。「計算方法を覚えるくらいなら言われた通りの金額を支払います」と言いたくなるくらいややこしい算出方法です。

所得税以外に引かれる税金は「住民税」と「社会保険料」、40歳を超えたら「介護保険」を支払うことになるので、これらを合わせるとかなりの金額になります。

すべて差し引かれて手にしたお金で買い物をすると、今度は8～10パーセントの消費税がかかります。また、車を買ったら「自動車税」、ガソリンを給油したら「ガソリン税」。ほかにも「酒税」に「タバコ税」、家を買ったら「固定資産税」、死んだら「相続税」。なんと、死んだあとでも税金を納める必要があるのです。

会社からの給与収入しかないサラリーマンが、税金をコントロールする方法は限られます。

しかし、本業以外から収入を得ることで納税額を変えられます。まずは、自分が年間にどれくらい税金を支払っているかをきちんと把握してみてはいかがでしょうか？　ほとんどの方が、どうにかして下げたいと思うはずです。

③お金のことを学ばないリスク

皆さんは、学校や家庭でお金のことを習った記憶はありますか？

私自身はお金のことを知りたかったのですが、「食卓でお金の話をするのは行儀が悪い」という家庭で育ちました。

お金は生きていくうえで不可欠なツールなのに、なぜ多くの日本人は話をしようとしないのでしょうか？　目を背けることが美徳であるかのような空気があることは、経済的に自立したい人にとって足かせになります。

「世界で新しい投資が始まったときに、一番初めに入って来るのは中国人、そのあとにアメリカ人、フランス人、イギリス人が来て、ドイツ人と日本人が来たら相場は終わる」――こんなたとえ話があります。

中国人が一番早く相場に入って来る理由は、リターンを得るためにリスクを取る国民性であるほかに、毎日、家庭内でお金のことを話すからではないかと思われます。

物心ついたときから、お金の話が交わされる環境で育った人と、社会人になってから考えはじめた人とでは20年の差が生まれることになります。この20年を埋めることは一生かけても難しいのではないでしょうか。

ゲームが得意な人たちは、会話の中心がゲームになり、そこで情報交換したことで彼らのスキルは磨かれます。同様に、**お金持ちになる人は、投資や節税に関する話を好んでするから詳しくなり、さらにお金を増やすことができるのです。**

結論

・世の中は「お金を使わせる仕組み」であふれている。お金を使う基準は「みんなが持っているから」ではなく、「自分に必要かどうか」で判断する。
・所得税をはじめ、住民税、社会保険料、消費税、固定資産税など、自分が納める税金の内訳を把握し、節税ができないか考えてみよう。
・日本人は学校や家庭でお金の教育を受けないため、世界的に見てマネーリテラシーが低い。マネーリテラシーを高めるために、投資や節税に詳しい人、経営者、投資家とお金の話をする機会を作ろう。

01-08 お金を残したかったら、まず人生の設計図を書く

ライフプランを作ることで節約のモチベーションが高まる

もし、あなたが「お金を貯める目的が明確になっている」のであれば、あとは「実現したいことをやり遂げるのにいくら必要なのか?」を明らかにするだけです。

夢を実現するのに必要な予算と生活資金を正確に把握することで、お金を貯めるモチベーションを保てますし、将来の不安にかられてイヤイヤ働きつづけるというリスクを避けることもできます。

私が自分の人生設計を作成したのは2010年。最も参加したかった自衛隊のミッ

ション「南極地域観測協力行動」を終えて、アーリーリタイアすることを考えはじめたときでした。

友人のファイナンシャルプランナーに頼んで、保険などの勧誘をしないことを条件に3万円でライフプランを作成してもらいました。とはいえ、作成に必要なデータは自分で割り出す必要がありました。

ライフプラン作成に必要なデータは次の6項目でした。

①現在の収入の把握

毎月の給料のほかに、投資による収入をいくら得ているのか？　現状を把握するいい機会になりました。また、「理想的な生活を送るためには収入をどれくらい増やす必要があるのか」の見当がつきました。

②毎月の生活費の把握

食費や通信費、交際費など、自分の支出を把握できている人はまれです。

多くの人は、ただでさえ仕事に追われているのに、そのうえ「何にいくら使ったか？」

をいちいち記録することに時間を割きたくないでしょう。しかし、設計図の元となる大切な数値になるので、1～2カ月の間、使っている金額を把握して「本当に必要な1カ月の生活費」を割り出すことが大切です。

③貯金総額や積み立て保険料の把握

複数の銀行に分散されている預金の総額はいくらか？　そして、給料やボーナスの何パーセントを貯蓄に回しているのか？　積み立てている保険はいくらで、現在いくら貯まっているのか？　これらを把握します。

私の場合は、社会人になった直後に組織のあと推しを受けて、契約した生命保険をこの機会に見直したことで毎月の支出を下げることができました。

④現預金、積立保険以外の財産把握

証券、不動産、およびローン残高、貴金属類の価値の把握。

不動産のローン残高や現在の価格。金やプラチナなどの地金、高級時計など、あちこちに分散している自分の資産を一覧にすることで、資産配分割合を確認するいい機会になります。

⑤リタイア予定年、および受け取る退職金の把握

私は退職する前に2軒の投資用不動産を買い増して、家賃収入を月50万円にしてから退職する計画を立てました。

このとき、退職金の計算方法に向き合ったことにより、退職後の生活レベルをイメージすることができました。また、勤務年数が25年を超えたところで退職金が割増しになることがわかり、それまで勤務を続けるモチベーションを保つことができました。

⑥退職後の生活費、および退職後に予想される大きな支出の把握

リタイアすると、今まで会社で勤務していた時間を自宅ですごすようになるため、水道光熱費が増えることになります。また、自由時間が増えるため、参加したいセミナーや懇親会、旅行に出かける機会も増えると考えて、生活費を月5万円高めに想定しました。

また、10年ごとに40万円のバイクを乗り換える支出も盛り込みました。

毎月の生活費が15万円の人の年間生活費は180万円です。病気やケガ、家電の故障など不測の出費を考慮すると年間200万円程度を見込んでおくべきです。仮に自分の年齢が40歳であれば、年金支給が70歳に繰り上げられることを見越して、それまでの30年間に必要な生活費は6000万円。

つまり、6000万円以上の現預金、もしくはその金額を得られる算段が立つ人は労働から解放されるという選択肢を持つことができるのです。

しかし、これらの計算を割り出して実行するのには、自分がいくらあれば生活していけるかを把握できて、初めて可能になります。

結論

・まず「今いくら収入を得て、いくらで生活しているか」を把握し、次に「理想的な生活を送るために必要な収入」の見当をつけることで、必要金額が明確になり、自分のとるべき行動が明らかになる。さっそく書き出してみよう。

今の年収（　　　）万円

投資や副収入により得られる金額（　　　）万円

年間の生活費（　　　　　　）万円
理想的な生活を送るのに必要な年収（　　　　　　）万円
理想的な生活を送るために必要な行動

（　　　　　　　　　　　　　　　　　　　）

・貯金総額や積み立て保険料などの資産を把握することで、生命保険を見直して支出を抑えるなどの対策をとれる。また、分散されている自分の資産を一覧にすることで資産配分割合を確認できる。
・自分が受け取れる退職金の額を把握するとともに、退職後の生活費、予想される大きな支出を把握しておくことで、リタイア後の人生設計が安全なものになる。

01-09 徹底した節約ができてこそ資産が築ける

お金持ちになっても破産してしまう人たちの共通点

年俸数億円のプロアスリートや宝くじの高額当選者が破産した話はよく聞く話です。どんなに高い収入を得ている人でも、正しくお金を扱う知識がなければ、お金を残すことはできません。

お金がたくさん入ると、家や車、豪華なモノが欲しくなりますし、セレブとして振る舞うのに必要な高級スーツや時計、アクセサリーをたくさん購入します。やがて、所有したモノを維持するために人を雇うことになり、毎月、高い固定費が出て行くようになります。もちろん、親類や友人にごちそうする、豪華な旅行をプレゼントするなど、稼げば稼ぐほど、湯水のようにお金を使うのが人間の習性なのです。

つまり、「人間の欲望は果てしない」「お金を持つ人のまわりに（おいしい思いをしたい）人が集まる」「正しい金銭感覚を持っていなければ資産を維持することが難しいばかりか、不幸を招くこともある」ということです。

「そんな話は庶民の金銭感覚とはかけ離れた世界のことだ」と考える方もいるかもしれません。しかし、お金持ちも庶民も「お金を失うプロセス」はほとんど同じです。スケールが違うため、庶民のほうが目立ちづらいだけのことです。

ある雑誌のアンケート調査によると「1000万円以上の年収がある人の34パーセントが生活にゆとりがない」と回答しています。

厚生労働省が発表した2017年の所得中央値が423万円であることを考えると、年収1000万は高収入に入ります。そんなに稼ぐ人でも、ゆとりがない生活を送っている人が3分の1以上いるのです。

逆に「ゆとりがある」と回答した年収1000万円以上の人の理由は「持ち家があ

ること」がトップでした。私だったら、「年収が1000万円あり、持ち家があった」としてもローンが残っている間は「ゆとりがある」とは考えません。「ローンの残額以上の資産が別にある」もしくは「持ち家が、ローンの総額以上で売却できる」状況で、初めて「ゆとりがある」と回答します。

つまり、今は、不動産ローンを返済できているから「ゆとりがある」と考えている人が一定数いることを勘定に入れると、年収1000万円の世帯でも「ゆとりがある生活」を送っている人は半分程度になるということです。

¥ 節約はリスクが圧倒的に低くて最も簡単な投資

徹底した節約ができている人は「ゆとりがある生活」を送れるようになります。なぜなら、毎月得た収入の範囲中で生活をやり繰りして、浮いたお金を貯蓄に回しているからです。

私が節約を人にすすめる最大の理由は、**「節約にはリスクがほとんどない」**からです。投資の世界で年10パーセントの利益をあげることはとても難しいことです。

金融機関から融資を受けて不動産投資をする、自己資金をFXや株式に投資するなど、資金が減るリスクと背中合わせで利益を得るのです。

それに引き換え節約は、必要としているモノを安く手に入れるだけ。それには「不用品の購入」以外のリスクはありません。

また、投資は資金を運用したあとに初めて利益が得られるのに対して、節約は買う瞬間に支出を抑えることができるため時間的な制約もありません。

結論

- どんなに高い収入を得ている人でも、正しくお金を扱う知識がなければ、お金を残すことは難しい。人間には、見栄を張りたい、浪費する習性がある。
- たとえ「年収が1000万円、持ち家」があっても、ローンの返済のめどが立つまでは「ゆとりがある」とはいえない。
- 徹底した節約ができる人は「ゆとりがある生活」を送ることができる。なぜなら、毎月得た収入の範囲内で生活をやりくりして、浮いたお金を貯蓄に回しているから。節約は投資に比べるとほぼリスクゼロで資産を増やせる。

01-10 時間の重要性に気づくとお金が増えるスピードが加速する

目的なしでテレビを見る人は一生お金が貯まらない

皆さんは「時は金なり」ということわざをご存じでしょうか？

そうです。「時間はお金と同じくらい貴重で大切である」という意味です。

お金は効率の良い投資ができるようになると少ない手間で増やせますが、すぎ去った時間は何をしても取り戻せません。ですから**時間のほうがお金よりもずっと貴重です。**

「今日は仕事で疲れたからテレビでも見て寝よう」——そんな日は誰にでもあります。

しかし、毎日、なんの目的もなく、ただテレビを見てすごすのは時間の浪費ですし、自分の可能性の芽を自分で摘んでいるようなものです。

なぜ、目的なくテレビを見ることが自分の可能性の芽を摘むことになるのか？　それは、会社勤めをするサラリーマンにとって1時間という時間がとても貴重だからです。

1日はすべての人に等しく24時間与えられています。しかし、サラリーマンは通勤や残業も含めると、収入を得るために1日10時間以上を使います。すると自由に使える時間は14時間です。

自由時間は個人で振り分けることができますが、14時間のうち睡眠に7時間を使うと、残りは7時間。さらに、食事、入浴、家事などに2時間使ったら、自分の思い通りに使える時間は5時間もありません。また、親の介護や子育てが必要な人は、さらに自由時間は減るのです。

¥ お金を増やしたければ時間に投資する

私が時間の重要性に気づいたのは、31歳のときでした。日本を出国する6日前に内示を受け、出発する前夜に機材を1人で運び、なんとか間に合わせたインド洋給油支援活動のときです。半年近くすごしたイージス艦の中でふと気づきました。

「人生のゴールデンタイムを10〜60歳としたとき、ここ（インド洋上）ですごす半年は1パーセントに値する」

もちろん、支援活動に参加できたことは自衛官として名誉なことであり、実任務を経験したことでスキルが高まり、さらに困難な仕事に挑戦できるようになりました。しかし、時間の重要性に気づいてからは、できるだけ仕事とプライベートを切り分け、自分の時間はお金に関することを学ぶ時間に使うようにしました。

ダラダラすごす時間があるなら、本を読んで知識を蓄え、週末はセミナーや情報交換会に参加する。視聴するテレビ番組は厳選し、録画してから2倍速で見る。移動中は、本田健さんやジェームス・スキナーの自己啓発や投資に関する音声コンテンツを聴く。

自分のゴールが明確になったあとは、2カ月に一度実施されていた職場の宴会はもちろん、義理で参加する結婚式やそのほかの集まりは勇気を持って断りました。偏差値45で大学に進学することもできなかった私が「億」の資産を築くことができたのは、時間の大切さに気づき、必要なことに集中投下しつづけたからです。

たとえば、カレーを作るのに必要な材料は肉、じゃがいも、にんじん、玉ねぎ、スパイスなどを思い浮かべるでしょう。しかし、調理する時間がなければカレーは出来上がりません。そう考えると、材料の肉や野菜を育てたり、外国で収穫されたスパイスを輸送するのにも、さらには調理に使う鍋を作るのにも時間を使っているのです。

つまり、**すべてのことに欠かせないリソースは「時間」なのです。**

結論

・サラリーマンは通勤や残業も含めると、収入を得るために1日10時間以上を使っている。そのため自由に使える時間は最大で14時間。睡眠時間や生活に必要な時間を引くと4～5時間程度しかない。

・ダラダラとすごす時間は、将来の自分の可能性を摘む行為である。ヒマな時間があるなら、本を読んだり、映像&音声コンテンツを視聴して知識を蓄える。
週末はセミナーや情報交換会に参加するなど、自己研鑽に使う。
どんな自己研鑽をするべきか書き出してみよう。

（　　　　　　　　　）（　　　　　　　　　）

（　　　　　　　　　）（　　　　　　　　　）

・仕事、家事、勉強、趣味など、どんなことをするのにも時間が必要になる。
時間はすべてのリソースであると認識する。

第2章

毎日の買い物を戦略的にすることでお金がどんどん貯まる

02-01 そもそもその「買い物」は本当に必要ですか？

「使っていないモノ」イコール「ムダづかい」だと知る

日本の1世帯あたりの金融資産平均額は約1700万円です。「私はそんなに持っていない！」と言う方がほとんどでしょう。資産の多くを保有しているのは50歳以上の世帯。この世帯の人口比が大きいため平均値が押し上げられているのです。

20代の平均金融資産額は160万円、30代は520万円ですが、その一方で「金融資産がない」世帯は20パーセント、20代の貯金なし世帯は40パーセント以上もあります。

この結果は、お金に無頓着なせいで「資産なし」と回答した人も含まれるはずです。しかし、銀行口座を持っていない世帯が数パーセントあることを考えると、ひっ迫した生活を送っている家庭は少なからずあるということになります。

とはいえ、彼らもアンケートに回答しているということは、どこかに定住して、お金を稼いで生活しているはずです。つまり、収入を得てはいるものの、正しいお金の使い方ができていないせいで資産がない状況におちいっているのだと思われます。

貯金がない世帯であっても家の中に、数年前に買ったまま1回も着ていない服、引き出しの奥に眠っている装飾品、机に積み上げられた書籍やＤＶＤといった不要品があるのではないでしょうか？

つまり、それだけムダづかいをしてきたということです。

ある研究所の調べによると、**1世帯あたりの「部屋の中にある不用品を処分すると28万円になる」**そうです。中古で売って28万円なら、元の買値は最低でも数倍～10倍以上でしょうから、ざっくり言って３００万円を浪費したということになります。

¥ ムダなモノを減らすとお金のセンスが磨かれる

不要品に囲まれていると部屋が狭くなり、生活しづらくなります。不要品が増えると、やがて部屋の収納スペースが足りなくなります。また、モノを探す時間も増えます。さらに、すでに持っていることを忘れてしまい、同じモノを再び購入するというムダのスパイラルが発生します。

人によっては、不要なモノが増えたせいで、「部屋が手狭になったから広い部屋に引っ越す」などという本末転倒なことになるかもしれません。

もちろん、不要品をゼロにすることは無理です。しかし、節約に関する知識が乏しいせいで、せっかく稼いだお金をムダづかいして、そのうえ限られた居住スペースを狭くして、快適性を損なう――このような環境を自分で作り出してはいけません。

まずは、空き時間を使って整理整頓を行ない不要品を処分しましょう。

一度、徹底的に整理整頓をすると、部屋をきれいにすることの大変さに気づき、ムダなモノを増やすことに抵抗感が生まれます。すると、自然とムダづかいが減ります。

お金の使い方に気を配れるようになると、毎月の貯金にも目が向けられるようになります。「収入が減っているのに、家賃の高い部屋に住んでいていいのだろうか？」「来月、結婚式に参列することになったがお祝いをどうしよう？」など、支出に敏感になり、やりくりに頭がまわるようになります。

結論

- 「金融資産がまったくない」世帯は20パーセント、20代の貯金なし世帯は40パーセント以上。貯金なし世帯は、収入があっても、お金の使い方が下手で資産を持てない状況におちいっている。
- 1世帯あたりの「部屋の中にある不要品を処分すると28万円」。元の買値は最低でも数倍~10倍以上と考えると、多くの家庭が３００万円以上の浪費をしていたことになる。
- 徹底的に整理整頓をすると、部屋をきれいにすることの大変さに気づき、ムダなモノを増やさなくなり、ムダづかいしなくなる。また、お金の流れにも敏感になり、やりくりに頭がまわるようになる。

02-02 ムダな買い物をしないための12の思考プロセス

コーヒー1杯の価値をきちんと考えたことがありますか？

努力して得た収入を無計画に使ってしまっては、お金を残すことはできません。考えなしにクレジットカードで欲しいモノを購入して、稼いだ金額以上のお金を使ってしまったら、借金を背負い、高額な金利をカード会社に支払いつづけることになります。

お金を残せる人は、コーヒー1杯であっても財布のヒモをゆるめる前に支出する価値があるか考えてから支払うクセがついています。

この項では、私が買い物する前に心がけている「ムダな買い物をしないための12の思考プロセス」をお伝えします。

買い物をする前に確認したい12の思考プロセス

①購入、支出することで、どんなメリットを得ることができるか？

たとえば、自転車の購入を検討している場合。「通勤や買い物に使うことができる」ので、ガソリンの節約になるうえに運動不足を解消することもできます。

②購入したモノがデメリットをもたらさないか？

自転車を購入した場合、メンテナンスする時間と年間数千円の修理費が必要になります。また、自動車に比べ移動速度が遅いため、通勤時間が長くなります。また、接触事故などに備えて保険に加入する必要があります。

③買おうとしているモノは本当に必要か？

自転車で毎月200キロの距離を走行する場合。バイクや自動車で同じ距離を移動するのに使用するガソリン代（約20リットル分）を節約できます。仮に5～6万円の自転車を購入しても、2～3年で元が取れるうえに環境にも優しいというおまけつきです。使用頻度が極端に低くなければ、買っても損になりません。

④1カ月後に不要になっていないか？

バーゲンや流行を理由に購入したバッグや靴、年始に買った福袋、夏前に購入した筋トレマシーン、海外旅行に行って気分が舞い上がって購入したインテリアなど、使っていないモノがクローゼットや部屋の空きスペースを占領していませんか？

脳科学の観点からも、人は衝動買いをしてしまいやすい動物です。買う前に、1年後にそれを使っている自分の姿がイメージできなければ、購入を見送りましょう。

⑤まわりの人から借りることができるのではないか？

書籍やＤＶＤといったコンテンツを友人が持っている可能性はあります。

また、めったに使わない工具などは、友人同士で貸し借りできると、よけいな出費も部屋のスペースも節約することができます。

もし、自分が相手に貸し出せるものがないときは、ちょっとした手土産を渡すようにしましょう。やはり借りる一方では、相手も気分がよくないでしょうから。

⑥リサイクルショップやフリマなどで安く買えないだろうか？

他人がいったん使ったモノを買うことに抵抗感があるという人もいるでしょう。

しかし、リサイクルショップには、家電量販店で売れ残ったパソコンの周辺機器や雑貨など、未使用の商品が包装された状態で投げ売りされていることも当たり前にあります。

普段からリサイクルショップの商品を見ておくと、新しい便利グッズを発見できるほかに、モノの価値を知る勉強になります。

⑦保証はどうなっているか？

高いモノを購入したとき気になるのは保証の有無と内容です。購入後1年、メーカー保証がついていても保証書がなければ修理代は無料になりません。きちんと保証書を保管するとともに、利用頻度の高いモノは本体価格の数パーセントを支払うことで保証期間を1年延ばすなど、リスクヘッジをしておきましょう。

⑧割安で買えるクーポンなどがないだろうか？

居酒屋を利用する前に「食べログ」などのグルメ系サイトからクーポンをダウンロードしてドリンク1杯を無料にする、あるいは、LINE Payや楽天ペイなどQRコード決済のクーポンを提示することで、ファストフード店などでの支払い額を下げられます。普段から、クーポンや割引についての情報を集めておきましょう。

⑨表記されている本体の代金以外に送料、手数料などが発生しないか？

欲しい商品の定価を比較するときに「価格.com」などの比較サイトを利用する方も多いでしょう。確かに便利ですが、本体価格のほかに送料がかかるお店も多々あるので注意が必要です。特に冷蔵庫のような大きな家電は、送料だけで数千円変わることもあります。価格を比較するときは、送料や、清算に必要な料金がないかチェックしましょう。

⑩商品が届くまでにどれくらいの期間が必要か？

商品がいくら安く売られていても、必要なときに手元になければ意味がありません。商品が早く届けられるサービスはAmazonプライム会員のように、代金とは別にコストが発生します。逆にいえば、日程に余裕を持って商品を注文すれば、〝早く入手するためにかかるコスト〟を節約できます。

たとえば、名刺。ある会社では、100枚注文して受け取りが1営業日後であれば1400円、7営業日後であれば463円。数日待つだけで約3分の1の価格で購入できるのです。

⑪どの支払方法が最も効率的か？

A社は銀行からの振り込みのみ、B社はクレジットカードでの支払いも可能だったとします。

Ａ社で買うと銀行の振込手数料がかかります。一方Ｂ社はクレジットカードで支払うことで、振込手数料を節約できるだけでなく、マイルやポイントを貯めることができます。仮に、還元率３パーセントのクレジットカードで支払ったら、商品を３パーセント安く購入したのと同じことになります。

⑫領収書はどのような形で発行されるのか？

領収書の発行方法は会社によって大きく異なります。商品と一緒にプリントアウトした領収書や納品書を送って来るところもあれば、Ｅメールに添付して送ってくるところ、注文後にサイトの購入履歴からＰＤＦファイルをダウンロードする必要があるところもあります。

領収書はプリントアウトされたものが必要なのか？　データでいいのか？　自分の都合に合った発行方法を採用している会社を選ぶことで、よけいな手間とコストを省けます。

結論

・買い物をする前に次の12の思考プロセスを忘れないようにしよう。
①購入、支出することで、どんなメリットを得ることができるか？
②購入したモノがデメリットをもたらさないか？
③買おうとしているモノは本当に必要か？
④1カ月後に不要になっていないか？
⑤まわりの人から借りることができるのではないか？
⑥リサイクルショップやフリマなどで安く買えないだろうか？
⑦保証はどうなっているか？
⑧割安で買えるクーポンなどがないだろうか？
⑨表記されている本体の代金以外に送料、手数料などが発生しないか？
⑩商品が届くまでにどれくらいの期間が必要か？
⑪どの支払方法が最も効率的か？
⑫領収書はどのような形で発行されるのか？

02-03 クレジットカードとポイントカードを使い倒せ！

クレジットカードを使えば使うほどお金が増える⁉

日本で発行されているクレジットカードの総数は約2・8億枚と言われています。「18歳未満の年少者は発行できない」「後期高齢者の保有者が少ない」ことを考えると、労働人口における1人あたりの平均保有枚数は3枚くらいではないかと予想されます。

クレジットカードは、手数料なしで商品やサービスを購入できるというメリットがある半面、「ついつい使いすぎてしまう」「年利15パーセントのリボ払いにすると支払い総額が割高になる」「カードによっては年会費が高い割に使えるサービスが少ない」

などのデメリットもあります。

しかし、こうしたデメリットを避けて、各クレジットカードの利点を活かすことでポイントやマイルが貯まるばかりか、海外旅行保険、ショッピング保険を利用できます。また、カードによっては空港のビジネスラウンジが使えるパスを無料発行してくれたりもします。

そもそも、現金を持たずに買い物することができるほかに、海外のATMで現地通貨を引き出せるなどメリットがあるため、私は11枚所有しています。

今回は、私の保有するカードのうちで特におすすめしたい3枚をご紹介します。

①UNITED MileagePlus セゾンカード

毎月の利用額1000円につきユナイテッド航空のマイルが5マイル貯まります。追加の年会費5000円を支払うことで、利用額1000円につき15マイル貯まるほか、死亡時3000万円などの手厚い海外旅行保険が自動で付帯されます。

アメリカの航空会社でありながら、全日空（ANA）と提携しているため、日本の国内線を特典航空券で乗ることもできます。

羽田―福岡間など800マイル以内のフライトに必要なマイル数は片道5000マイル。1000円につき15マイル貯まるわけですから、33万4000円決済するたびにこの路線を無料で利用できるのです。

最も効率の良い使い方は、貯まったマイルをアメリカやヨーロッパなどの長距離路線に使うことです。国内線よりも3～4倍高い価値で使えるので、航空券を割安に取得できます。

また、ほかの航空会社と違ってマイルの失効期限がないため、長期間かけて積み上げることができます。さらに、ありがたいことは、ユナイテッド航空のマイレージから発行した特典航空券は燃油サーチャージを支払わなくて済むのです。

33万4000円分を決済するには時間がかかりそうですが、宴会などの飲食代金を立て替えてこのカードで支払うなど、まとまった金額の支払いに使うと、案外簡単に貯まります。

②楽天プレミアムカード

年会費1万円（税別）は若干高いように見えますが、世界500都市1000カ所にある空港ラウンジを利用できる「プライオリティパス」（年会費429ドル）を無料で申請できます。

また、空港までの手荷物無料宅配サービス（1回：2500円）を年2回利用できるうえに、死亡保障4000万円の海外旅行保険が自動付帯されます。

さらに、楽天市場で買い物をすると、通常1パーセントのポイント還元が5倍に増えます。

このほかにも、1回84円かかる利用明細の発行や500円かかるETCカードの発行も無料になるなどの特典もあります。

③Yahoo! JAPANカード

ファミリーマート、TSUTAYA、ウエルシアなど全国の約77万店舗と提携しているTポイントが貯まります。還元率は税込み金額の0・5~1パーセントです。

ポイントの有効期限は最後に増減した日から1年なので、年に1回買い物に使うことで実質無期限になります。

Yahoo! JAPANのホームページで発表される対象キャンペーンに登録するだけで、ポイントが通常よりも2～3倍多くもらえるチャンスもあります。

年会費無料なので、Tポイントを貯めている人はぜひ作りましょう。

もし、「クレジットカードを利用しすぎてしまいそうで心配」という方は、「初めから限度額を低めに設定しておく」「海外に行ったときだけ使う」「特定のお店の利用に使う」など、使いすぎを防ぐマイルールを定めておきましょう。

ちなみに、貯まったマイルは契約者が死亡しても手続きすることで相続人が引き継ぐことができます。無料で世界一周できる量のマイルであれば、多少手続きが面倒でも、残された側はありがたいと思うのではないでしょうか。

結論

・クレジットカードはポイントやマイルが貯まるほかに、海外旅行保険、ショッピング保険が付帯されているため所有する価値は高い。

・飛行機を使って旅行したい人には、UNITED MileagePlusセゾンカードがおすすめ。失効期限がないため、長期間貯めて海外への長距離路線の特典航空券として使うことができる。
・楽天プレミアムカードは、年間費1万円（税別）はかかるが、世界500都市1000カ所にある空港ラウンジを利用できる「プライオリティパス」（年会費429ドル）を無料で申請できる。また、楽天市場での買い物も通常1パーセント還元が5倍に増える。
・Yahoo! JAPANカードは、ファミリーマート、TSUTAYAなど全国の約77万店舗と提携しているTポイントが貯まる。年に1回でも利用することで、ポイント有効期限は、実質無期限になる。

02-04 キャッシュレスを徹底することで節約は劇的に加速する

公共料金、税金を払ってポイント還元を受ける

毎月必ず発生する公共料金（電気、ガス、水道など）の支払いを銀行引き落としから**クレジットカードに変更するだけで、2パーセントのポイント還元を受けることができます。**また、最近では自動車税や固定資産税、フリーランスの方は住民税、国民健康保険、国民年金など、税金や社会保険料をクレジットカードで支払える自治体も増えました。

これらの支払いにおすすめしたいのが還元率2パーセントのVisa LINE Payクレジッ

トカードです。１回の支払い上限金額が定められていますが、公共料金の支払いで2パーセントの還元を受け取れます。年間の支払い総額が１００万円であれば2万円分のポイントが還元されるのです。

そのうえ銀行やコンビニに出向かなくても、スマホアプリから簡単に支払い手続きができます。

ここで注意したいのは、自動引き落としではないので期限内に自分で手続きする必要があるということです。また、自治体によっては、対応していなかったり、決済に手数料がかかるところもあります。

お住まいの自治体が未対応でクレジットカードで支払えない場合は、セブンイレブンでnanacoカードを使って支払い、０・5パーセントのポイント還元を受けるとよいでしょう。

セゾンカードもしくはRECRUITカードからnanacoカードにクレジットチャージすることで０・5パーセントのポイントがつきます（ポイントがつく上限は月3万円）。私は、毎月3万円をこつこつチャージして、クレジットカード払いできない公共料金の支払いにnanacoカードを使っています。

Visa LINE Payクレジットカードの年会費は、初年度無料。2年目以降は年会費1250円（税別）がかかりますが、年1回でも利用すれば、無料となるので、実質無料と考えてよいでしょう。

また、RECRUITカードは年会費無料で、海外旅行保険が付帯されています。どちらのカードも節約に役立ちます。

結論

・公共料金（電気、ガス、水道など）や税金（自動車税、固定資産税、住民税など）をクレジットカードで支払うことによりポイント還元を受けられる。

・Visa LINE Payクレジットカードは、1回の支払い上限金額が決まっているものの、2パーセントの還元を受けられるうえ、公共料金の支払いからポイントが貯まる。年間支払い総額が100万円であれば2万円分のポイントが貯まる。

・支払先の自治体がクレジットカード払い未対応の場合は、セブンイレブンでnanacoカードを使って支払い、0・5パーセントのポイント還元を受けるとよい。

02-05 食品、日用品を可能な限りお得に入手する方法

見切り品を買うだけで一流トレーダー並みの運用実績をあげられる

スーパーで「〇パーセントオフ」のシールが貼られている〝見切り品〟をカゴに入れて、レジで清算すると、「さぞかし貧乏くさいと思われているんだろうなあ、恥ずかしいなあ」――かつての私はこんな風に思っていました。

しかし、20年前に株式投資を始めたことにより、そのような考えはみじんもなくなりました。なぜなら、株式投資の世界においては、一流のファンドマネージャーであってもパフォーマンスはよくて年20パーセント程度だということを知ったからです。

もちろん、これよりも高いときも低いこともあるでしょう。しかし、この20パーセントの利益をあげるために、優秀な方々が日々データを必死で分析しているのです。そう考えると、20パーセントオフで買えるというのは、本当はすごいことなのです。金額は小さいけれど、**買い物をするだけで自分の資産をしっかりと残せる**のです。

さらに言うならば、投資で利益をあげるためには、資金が目減りする可能性のある市場にお金を置いて、利益が出るまで待つ、つまり「資産をリスクにさらす」必要があります。それに比べ、見切り品を買うことは恥ずかしいどころか、資金を拘束されることなく、効率良く支出を抑えられる攻めの節約なのです。

本当に必要なモノを必要な量だけまとめ買いする

見切り品は、お弁当やお惣菜だけとは限りません。野菜、フルーツ、焼き芋、賞味期限切れが近いお菓子やカップ麺、売れ残ったお中元やお歳暮、へこみがある缶詰やパッケージが傷ついている商品などさまざまです。

保存がきく食品や調味料を安く購入できれば、生活コストを下げられます。しかし、

「安ければなんでも買ってOK」というわけではありません。安さに釣られて不要な食品を買っても、よけいなカロリーを摂取することになる、もしくは賞味期限が切れて捨てることになります。購入するものは「自分にとって本当に必要な商品に限定する」「購入後は消費期限が切れる前に使い切る」ことで初めて「得」になるのです。

さらに付け加えるなら、急ぐ必要のない買い物は、ポイント2～3倍アップの日にまとめ買いするようにしましょう。通常1000円につき10ポイントの還元が購入日を変えるだけで20～30ポイントに割増しされます。ポイントの還元率がアップする日を意識しておくだけで、年間に貯まるポイント数は大きく増えます。

また、2020年7月に施行されたレジ袋有料化以降は、できるだけエコバッグを持ち歩いて3～5円かかる袋代を節約するようにしましょう。もし、袋を持参するのを忘れたら、有料でも大きめの袋を選ぶのがベターです。

以前、中サイズの袋に商品を詰め込んだとき輸送中に納豆を落としたことがありました。レジ袋（中）1枚3円、（大）5円だったのですが、2円をケチったがゆえに

65円の納豆を失ったのです。袋を持参していないときは迷わず大きめのレジ袋を購入して、使ったあとは自宅のゴミ袋として再利用する――このようにムダにならない方法をルーティーン化することで買い物に使う労力も減らすことができます。

結論

・スーパーで20パーセントオフ以上の見切り品を買うことは、一流のファンドマネージャーのパフォーマンスに匹敵する効率の良い投資になる。リスクをともなう投資と違い資産を減らすこともない。
・安くても不要な食品を買うと、カロリーの過剰摂取になったり、賞味期限切れで捨てることになる。買うときは「本当に必要な商品に限定する」、そして「購入後は消費期限がすぎる前に使い切る」ことで初めて「得」になる。
・買い物の際にマイバッグを持参していないときは、大きめのレジ袋を購入することで、品物を落とすリスクを避ける。また、使用後は自宅のゴミ袋として再利用する。

02-06 食料やエネルギーをなるべく買わずに自分で生み出す

災害、危機に巻き込まれる可能性は誰にでもある

お金について学べば学ぶほど、ガス、水道、電気が普通に使えること、お店に行けばさまざまな品物や食料が豊富に並んでいることをありがたいと思うようになります。

もし、戦争や内乱が勃発すればインフラや建物が破壊されますし、イナゴやバッタが異常発生したら食料がなくなります。あるいは、ガソリンの輸入が止まれば、自動車を使えず、交通・物流が止まり、農産物の収穫量や工業製品の生産が落ち込みます。

現在の日本は品物とサービスがあふれる豊かな国です。私は50年生きてきましたが、

幼少期にオイルショックがあったくらいで、生まれてこの方、食べるのに困った、生活がひっ迫したという記憶はありません。

これは先人の方々が国の経済力を伸ばしながら、社会基盤を築く努力を積み重ねてくれたおかげです。

しかし、長い歴史を振り返ると永遠に繁栄しつづけた国はありません。また、定期的に気候変動や異常気象による台風被害、津波、山火事などの災害が発生しています。経済においても大恐慌やバブル崩壊、リーマンショックなどの危機がたびたび起きています。「自分はＦＸ投資や株式投資をしていないので困らないし、関係ない」と考える方もいると思います。

しかし、経済は社会のすべてにつながっています。

「不景気になれば、企業の売り上げが落ち込み賃金が下がる」「会社が傾けばリストラが断行される」「失業者が増えれば治安が悪化する」「結果、問題解決のために多額の税金が使われる」――このような負のスパイラルが発生するのです。

災害や危機が起きた直後は「１００年に一度の○○」と報道され、「大変だけど、そう頻繁に起きることではない」というイメージが醸成されます。しかし、冷静に振り返ると数年ごとにさまざまな危機や災害が起きていたことに気づくはずです。つまり、規模や場所の違いはあるものの、長い人生においてなんらかの危機や災害に巻き込まれる可能性はゼロではないのです。

万が一に備えて自給自足のタネをまく

私は公務員だった頃は、自分で食料を確保することが重要だなどと考えたことはありませんでした。ところが、アーリーリタイアしたおかげで、情報収集の機会が増えたこと、自分と向き合う時間が増えたことで食料を自給する重要性を意識するようになりました。なぜなら、どんなにお金があっても食料が不足して入手できなければ、生きていけないからです。

私は現在、畑付きの一軒家を探しています。なぜなら、混乱が起きる前に食料を確保する手段を持っておきたいからです。

農作物が育つまでには、種まき、水やり、除草、収穫など一定の期間が必要です。そもそも、種をまいたところで正しい育て方を知らなければ収穫できないこともあります。つまり、農作物を育てて収穫するにはノウハウの蓄積が必要であり、ネットで調べればなんとかなるという話ではないのです。

日本の人口はこれからも減少しつづけます。あちこちの不動産が空き家となり放置されるでしょう。つまり、アンテナの感度を高くしてさえいれば、自分が望むエリアに格安で理想的な物件を手に入れられる可能性が高まるのです。

手放すほうも「使っていない土地や家屋に固定資産税を支払うのはもったいない。早くやっかい払いをしたい」と思っているはずです。うまくいけば、名義変更手数料プラスアルファで手に入れられるかもしれません。

自分の畑で食料を生産できるようになったら、次は太陽光パネルを設置して自前の電力供給。さらに、井戸を掘って水を確保。最後に、薪《まき》で暖をとって、煮炊きができるようになったところで初めて「将来起こり得る危機や災害から自分と家族を守れるライフラインを築いた」ことになります。

結論

・経済は社会のすべてにつながっているため、「不景気になれば、企業の売り上げが落ち込み賃金が下がる」「会社が傾けばリストラが断行される」「失業者が増えれば治安が悪化する」「結果、問題解決のために多額の税金が使われる」といった負のスパイラルが発生する可能性は常にある。
・長い人生においてなんらかの危機や災害に巻き込まれる可能性はゼロではない。食料が不足したり、電気、ガスなどのライフラインがストップする可能性もある。平時のうちに、何が起きてもあわてないように備えておく。
・日本の人口は減少しつづけるため、多くの空き家が発生することが見込まれる。普段から情報収集のアンテナ感度を高くしておくことで、自分が望むエリアに格安で理想的な物件を手に入れられる可能性が高まる。

02-07 家電や高額商品を買うときのお得ワザ

¥ 最新のノートパソコンを半額以下で手に入れる方法

家電を買い替えることは節約になります。特に電力を消費する10年以上前の古い冷蔵庫やエアコンを替えることは操作性が上がるうえにムダな電気代を抑えられます。

私が一番よく使う家電はノートパソコンです。

サラリーマン時代は、節約だと思って古いパソコンを3〜4年使いつづけていましたが、現在は毎年、最新機種に買い替えています。文書作成、メール、ネット検索、SNS、動画視聴など1日約10時間、年間3650時間も利用する最も重要なツールだからです。

買い替えるタイミングは11月にしています。なぜなら、誕生日月なのでビックカメラのポイントが3パーセント余分に還元されるバースデークーポンが使えるからです。

また、2年以上、ビックカメラの株式を保有することで、年間5000円分の「お買い物優待券」を使うことができます。

私がパソコンを買い替える手順は次の通りです。

1　店頭でパソコンに詳しい店員の意見を聞きながら、自分に合った機種を選定する。
2　週末割引キャンペーンなど、安く買える条件がないかを確認する。
3　選定したパソコンの最安値をインターネットで調べる。
4　店員に他店で安い価格で売られていることを伝えて価格を下げてもらう。
5　支払い手順は、バースデークーポン提示→株主優待券5000円→貯まっているビックカメラポイント全額利用→Suicaのチャージ残金を全額利用→残りをビックカメラSuicaカードで一括払い→次回以降に使えるポイントが貯まる。

ポイントの有効期限は最終利用日から2年です。1年に1回買い替えることでポイントの失効はなくなります。新品のパソコンを12万円で購入して1年後に中古として6万円で売却すると、最新モデルを1カ月5000円で使えたことになるうえ、古いパソコンをしまっておく余分なスペースも不要です。

毎年、最新のパソコンに買い替えることでメンテナンスの手間と時間をなくす

新しいパソコンは、処理スピードが速い以外のメリットもあります。

古くて動作が不安定なパソコンを使うと作業がたびたび中断されたり、トラブルを修復する手間が発生します。仮に、リカバリーするのに半日かかったら仕事のスケジュールが大きく遅れます。これは公務員時代の悩みでした。

若い頃は、「パソコンの買い替えを引き延ばすことは大きな節約」「自分でOSのセットアップやメモリを増設できることは将来役に立つ技術」と思っていましたが、今振り返るとまったくのムダでした。

経営者目線で考えれば、やり方をよくわかっていない素人が迷いながら復旧作業をする時間を考えると、最初からトラブルの発生しづらい最新のパソコンを買うほうがはるかに安上がりなのです。

結論

・家電を買い替えることは節約になる。電力を消費する10年以上前の古い冷蔵庫やエアコンを替えることは操作性が上がるうえにムダな電気代を抑えることができる。今、自分が使っている家電や道具で古くて使いづらいものはないかチェックしてみよう。
（　　）（　　）（　　）

・筆者は最も使用する家電のノートパソコンを毎年、買い替えることで、作業時間の短縮、メンテナンスにかかる手間と時間の削減を心がけている。

・家電は買い替えるタイミングによって、支出が大きく変わる。普段利用している家電量販店にクーポン、ポイントなどの特典がないか確認してみよう。

02-08

節約の達人は、買うときに「売ること」を考える

ビジネスセンスが高い人は「買う」と「売る」を同時に考える

お金を貯めるのが上手な人は、買い物をするときに出口（使用後に売る）を考えて購入します。

昨年、災害時の備えとして薪《まき》を作るために手斧を購入しました。

最初にフリマサイトで商品を探しました。斧のような耐久性の高いものは中古でも問題ないと考えたからです。３０００円前後で新品の使い勝手がよさそうな商品がいくつか見つかりました。同じ商品が複数アカウントから別々に出品されていたので、

ECサイトでは3分の2程度の値段で売られているのでは？」と思い、検索したところ3つのECサイトで販売されていることがわかりました。値段はまちまちです。

A社　2500円（送料込み）
B社　1500円＋送料935円＝2435円
C社　800円＋送料970円＝1770円

普通ならA社より送料込みで3割安いC社で1本注文するところです。しかし、私はC社の送料が6000円以上で無料になる点に着目しました。つまり、800円の斧を8本注文すると送料が無料になり、斧1本を800円で購入できます。

私は迷わずC社から8本、購入しました。

そして保管用の1本を除く7本をフリマサイトに出品したのです。

その結果、1カ月で7本の斧を平均単価2700円で売却することができました。

1本2700円で売ったときのフリマの販売手数料は270円で、配送料800円がかかるため、1本あたりの利益は1630円。これが7本で1万1410円。商品リサーチ、購入手続き、フリマサイトへの出品作業、売れたあとの梱包・発送などの手間を考えると、正直たいした利益ではありません。しかし、まとめ買いによるポイント、転売による利益を得られただけでなく、何より自分の節約リテラシーを高めることができたことが大きな収穫でした。

結論

・お金が貯まる人は、購入するときに商品価格だけでなく、それを使用後に転売して得られる利益まで考えて比較検討している。
・考えながら買い物をすることでマネーリテラシーが磨かれ、ビジネスや投資の基礎を身につけることができる。
・今、自分が買おうと思っているものがネットショップやフリマでいくらで売られているか調べてみよう。

商品（　　　　）、ネットショップでの価格（　　　　）、フリマでの価格（　　　　）
商品（　　　　）、ネットショップでの価格（　　　　）、フリマでの価格（　　　　）
商品（　　　　）、ネットショップでの価格（　　　　）、フリマでの価格（　　　　）

第3章

生活費の「正しい減らし方」はわかっていますか？

03-01

「お金持ちに見せる努力」よりも100倍役立つ「堅実貯金」

45歳サラリーマンがこれから「準富裕層」になる方法

「価格1000万円以上の高級車を所有している人はお金持ち」「家賃3万円のボロアパートに住んでいる人は貧乏」――そんなイメージを持っていませんか？

しかし、高級車に乗っている人の貯金額が0円、ボロアパート住人の貯金額が3000万円だったら、本当のお金持ちはどちらでしょうか？

そもそも、お金持ちには定義があります。

・超富裕層……世帯の純金融資産保有額が5億円以上
・富裕層……純保有資産1億円以上5億円未満
・準富裕層……純保有資産5000万円以上1億円未満

つまり、お金持ちとは、保有する「純金融資産」が最低でも5000万円以上の人をさします。**純金融資産とは、預貯金、株式、債券、投資信託、一時払い生命保険など、世帯として保有する金融資産の合計額から負債を差し引いたものです。**

つまり、高級品を身につけ、高級車に乗る、インスタ映えする「リア充」写真をアップした回数は、無関係なのです。

「自分はお金持ちになるのは無理」と最初からあきらめている人でも、時間をかければ実現することは可能です。

たとえば、45歳のサラリーマンで、貯金1000万円、住宅ローン残債1000万円の人が65歳に定年を迎えるまでに準富裕層になるために次の行動をとるだけです。

・定年まで働いて住宅ローンを完済する。
・受け取れる予想退職金が2000万円であれば、退職まで毎年100万円の貯金をすることで、65歳時点での資金を5000万円にする。

厳密にいうと、純金融資産は5000万円と自宅不動産の合計です。

¥ 投資や副業をしなくてもお金持ちになれる

お金持ちになりたかったら「毎月、安定した収入を得る」「得た収入のうち決めた額を貯金する」——この2つを繰り返せば、投資や副業をしなくても実現可能です。

SNSに華やかな私生活の写真を投稿して優越感に浸る人よりも、「毎月の生活費を下げる」「住宅ローンを少しでも早く減らす」「資産が増えることに喜びを感じる」というタイプの人のほうが、お金持ちになれる可能性は高いです。

たまに高級ホテルで高いワインを空けることは、良い時間のすごし方だと思います。

しかし、ぜいたくな生活を他人に見せるために頻繁に支出するのは、ただの浪費にすぎません。無理にキラキラした生活を送ることは、老後資金の前借りと同じです。

「収入に対して分不相応な派手な生活を送るのも自由」
「地道な生活を心がけて老後の心配をなくすのも自由」

同じ自由でも、後者のほうがお金持ちになれる確率は圧倒的に高まります。

結論

・ブランド品を身につけ、高級車に乗っていても「お金持ち」とは限らない。お金持ちとは、５０００万円以上の純金融資産を持っている人のことを指す。
・節約と貯金にじっくり取り組めば誰でもお金持ちになれる。40代のサラリーマンでも、定年退職前に住宅ローンを完済し、毎年１００万円程度の貯金をすることで定年時に準富裕層になれる。
・「毎月、安定した収入を得る」「得た収入のうち決めた額を貯金する」の２つを繰り返すことで、投資や副業をしなくてもお金持ちになれる。

03-02

「本当に必要なモノ」だけで暮らすことを考える

¥ 部屋をきれいに片づけるとイライラとムダづかいが減る

モノを極力持たず、最小限の家庭用品で暮らす人のことを「ミニマリスト」と呼びます。

モノをあまり持っていないため「部屋が散らからない」「片づけがラクになり掃除好きになる」「狭い部屋を広く使える」などのメリットがあります。

最も重要なメリットは、「モノを探す時間を減らせるので、その分自由に使える時間が増える」ことです（これについては第4章の「04-06 数秒／数分単位で細かく時間を節約する」で詳しく解説します)。

すっきりと片づいた空間で生活すると作業効率が高まり、イライラが減ります。また、気持ちに余裕が生まれるため、ストレス解消のムダづかいも減ります。

私は公務員だったとき、最初の数年間は、海外で購入した思い出の品や写真集、紙幣やコインを自室に飾っていました。しかし、3年ごとに転勤を命じられ、そのたびに引っ越しの荷造り・荷ほどきをする大変さに嫌気がさし、できる限り不要品を手放してモノを増やさないシンプルライフを心がけるようになりました。

必要なモノは常に一定量のストックを持っておく

といはいえ、私の基準は、ミニマリストといわれる人たちのそれとは異なります。

私は部屋をすっきりさせることを優先しているわけではなく、自分の時間やお金を節約することを基準に所有するモノを選んでいます。

たとえば、小銭、文房具、切手、便せん、レターパックなど、それがないことで作業が滞るモノは常に在庫を持つようにしています。

また、歯ブラシ、せっけん、マスク、食器洗剤、トイレットペーパーなど、生活必需品は1~2年分ストックしておき、在庫が1年分を切ったら、セールのときに1年分以上を買い足します。大量の在庫はトイレや廊下などのデッドスペースに設置した突っ張り棚に、使用ローテーションを配慮して保管しています。

つまり、不要なモノを増やさない代わりに、必ず使うモノは万が一供給がストップしても困らないよう、一定量のストックを持っておくのです。

この考え方は長期間、生活必需品や食料を補充できない南極で仕事をしたことで身につきました。

日本はモノに恵まれた豊かな国です。それでも、東日本大震災やコロナ騒動など災害や危機が起きれば、感染リスクがあってもトイレットペーパーや食品を買い求める人がお店に殺到して品切れになります。

結局、ミニマリストといえども日用品や生活必需品を一定量、ストックしていないと、いざというときに困ることになるのです。

ミニマリスト的な生き方を本当に貫いたほうがよいのは、クリエイティブな仕事で生計を立てられるごく一部の人だけです。普通の人が必要なモノをそろえないで不便な生活を送ることは意味がないと考えます。

各家庭が必要最低限の備蓄をしていれば、災害後に発生するモノ不足も軽減されることになります。

結論

・不要なモノを捨て、すっきりと片づいた空間で生活すると作業効率が高まるうえ、イライラが減り、ストレス解消のムダづかいがなくなる。さらに「モノを探す時間を減らせるので、自由に使える時間が増える」というメリットもある。

・筆者の部屋はムダなモノはほどんどない。それはすっきりした空間を優先しているからではない。自分の時間やお金を節約するため。

・歯ブラシ、せっけん、マスク、食器洗剤、トイレットペーパーなど、生活必需品や必ず使うモノは、万が一供給がストップしても困らないよう、一定量のストックを持っておいたほうがよい。

03-03 住んでいる家や地域を節約の観点から見直してみる

「マイホーム」で一番得をするのは誰か？

「家を購入できる場所は職場から1時間半離れたエリアでないと無理だけれど、新しい戸建で家族と暮らせることが楽しみ」

一見すると幸せなマイホーム生活のスタートに見えますが、働くお父さんにとっては35年間続く住宅ローン返済の始まりです。

次から次へ積み上げられる職場の無理難題に耐えて収入を確保することが最優先に

なります。さらに、戦闘機に乗るよりも高いストレスを受けるといわれる通勤電車に毎日3~4時間乗って、身体と精神を酷使。帰宅後や休日はぐったり疲れ切って、子どもと遊ぶ時間もなかなか取れません。

おまけに郊外での生活は、子どもの送り迎えや買い物のためにマイカーを所有する必要があるため、マイカーローンや車の維持費がかかります。

家計を切り盛りする奥さまが工夫しても支出を減らすのは至難のワザ。目先のローン返済が滞らないようにするので精一杯。子どもが就学するようになると、空き時間を使ってパートで稼いでも貯蓄に回せる金額はせいぜい月2~3万円。投資について考える余裕などはありません。

やがて、子どもは18歳で大学に進学、その後就職するタイミングで家から巣立って行きます。子ども部屋が空いたからといって、固定資産税が減額されることはありません。むしろ、使わない部屋があることで家全体の風通しが悪くなり、建屋が傷んで修繕費用がかさみます。

管理や修繕が手間なので家を手放そうと思っても、この時点で不動産の評価額は二束三文になっています。というのも、日本で定められている木造住宅の耐用年数は22

年だからです。この年数をすぎた建屋はほとんど評価されないため、実質的には土地値だけの評価となります。こんな状態であっても住宅ローンの残債は、まだ10年以上もあるのです。

こんな目にあうことが予想できるにもかかわらず、数十年前から多くのサラリーマン世帯が当たり前のように住宅を購入しています。

「郊外に戸建を持つことが人生の幸せ」という集団心理が形成された結果です。

結局、得したのは誰だったのでしょうか？

不動産業者、自動車業界、鉄道会社、地方にある大型商業施設、銀行など、テレビや新聞に広告を出している大企業だったのではないでしょうか？

予備知識なしに不動産を買ってはいけません

購入しても価値が下がりづらい家は、郊外の宅地ではなく、利便性の高い場所です。

値下がりリスクを避けるために、駅近くの中古物件を選んで必要に応じてリノベーションすることが資産を減らさずにマイホームを持つコツです。物件の利便性が高ければマイカーがなくても生活できるため、生活コストを上げずに済み、貯蓄をしやすくなります。

多くの方は、食料品や衣類を購入するときはよく吟味して安くて良いものを選ぶ努力をします。しかし、人生で一番大きな買い物「マイホーム」になると、あまり吟味をしなくなります。これは人生最大のリスクと言ってもいいでしょう。

住む場所は、通勤時間はもちろん、買い物、医療サービス、子どもの教育、治安など、人生に最も大きな影響を与えることになります。

自宅を購入したいと思ったら、まずはマネーリテラシーを磨き、不動産取引を学んで損をしない物件を選べる力をつけておかないとギャンブルのような買い物をすることになるのです。

家族と長年すごした思い出の詰まったマイホームは何ものにも代えがたいでしょう。

しかし、その物件を購入するアカの他人は、その思い出に1円も支払ってくれません。

不動産業者に言われるままに契約を結ばないように、しっかりと知識武装をして物件を検討できる力を持つことが大切です。

結論

・マイホームを郊外に購入すると、住宅ローン返済のほかに、マイカーローンや車の維持費などさまざまなコストがかかる。また、父親はストレスフルな通勤電車に毎日3～4時間乗ることになるため、身体と精神が疲労することになる。

・多くの家庭では、子どもが就職して実家から巣立っても、住宅ローンは残る。子ども部屋が空いても、固定資産税は下がらない。また、家を売ろうと思っても、建物の価格は二束三文となり、実質、土地だけの評価となる。

・住む場所は、通勤時間だけでなく、買い物、医療サービス、子どもの通う学校、治安など、人生に大きな影響を与える。一生に一度の大きな買い物「マイホーム」は徹底的に吟味して購入する。

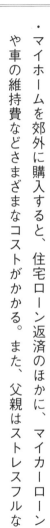

03-04 人生最大の支出は家賃などの住居関連費

¥ 「毎月の家賃並み」というセールストークにダマされない

通常、人生における3大支出は「住居関連費」「自動車関連費」「教育関連費」です(どれか1つの代わりに「保険関連費」が入るケースもあります)。

「3人の子どもを大学に進学させたい」人と、「子どもはいない、自動車に乗るのが趣味」という人とでは、支出項目は大きく変わりますが、住居関連費が3大支出から外れることはありません。

毎月の家賃が8万円の賃貸物件に住む世帯の年間住居費は96万円、30年で2880

万円。これに数年に1回の契約更新手数料や、火災保険料を入れると３０００万円以上になります。また、引っ越せば、礼金や仲介手数料、引っ越し費用がかかります。

住宅販売業者がよく使うセールストークに「毎月の家賃を払うのと変わらない価格で自宅を所有できますよ」があります。しかし、自宅を購入するには、登録免許税などの諸経費がかかります。また、金融機関から融資を受ける際の、住宅ローン借入費用や印紙代が加わり、諸費用の総額は物件価格の３～５パーセントになります。

また、名義変更が終わり自分の所有物になると、今度は不動産取得税を納める必要があるほかに毎年、固定資産税を支払わなければなりません。

住宅販売業者がよく使う第２のセールストークに「金利は住宅ローン減税により所得控除できます」があります。確かに控除できますが、対象となるのは建物部分であり、土地は対象になりません。また、控除できるローンの上限は１パーセント、期間は最長13年、控除できる上限額も定められています。

そもそも、４０００万円を条件のいい金利１パーセントで期間30年借りたときの金利総額は６３０万円。２パーセントであれば倍の１２６０万円を支払う必要があります。

想定外の事態に備え、リスクを徹底的に下げておく

私は、皆さんに「不動産を購入するな」と言いたいわけではありません。購入には多額の手数料、維持するのに税金や修繕費がかかるということを考慮したうえで購入してほしいのです。

というのも、現在の住宅ローンの破綻率は約2パーセントなのです。驚くべきことに、銀行の厳格なローン審査を通った契約者の50人に1人が返済が立ちゆかなくなっているのです。さらに、「コロナの影響で会社の業績が悪くなり予定していたボーナスが支給されない」「勤め先の経営が傾いてリストラされた」など、コロナ前と比べると住宅ローン返済軽減負担の相談件数はかつての150倍に増えています。

「自分は大企業に勤めているから大丈夫」「公務員だから安心」という時代は終わりました。今や大企業でも倒産リスクはありますし、公務員であっても左遷、親の介護、自身のメンタルダウンによる休職など、想定外の事態は起こり得ます。

30年、35年の長期ローンには必ずリスクが潜んでいます。ローンを組む前にできるだけリスクを下げておくことが必要です。

ローン返済に困らないために取り組んでおくべきことは次の5つです。

①ローンを組む前に自分の資産を増やしておくことで、信用力を高めた状態で複数の銀行から有利な住宅ローン条件を引き出す。

②投資により、ローン金利より高い利回りをあげる自信がない人は、頭金を多く入れて、借入金を減らし、支払う金利総額を抑える。

③金利を払うのが、もったいないと思っても返済計画は長めに設定しておき、手元資金が厚くなったときに繰り上げ返済を行なう（銀行は返済期間を長くする「リスケジュール」を嫌う傾向にある）。

④転勤やリストラなどの理由により引っ越す可能性があることを考え、賃貸に出したときにどれくらいの家賃が取れるかを購入前に、物件近くの不動産業者に確認する。

⑤一生に一度の買い物なので、エリア選定、物件選び、値段交渉、金利交渉などに対応できる知識を得るために10軒以上の不動産を尋ね、購入相談をして経験値を高める。

結論

・人生における3大支出は「住居関連費」「自動車関連費」「教育関連費」。特に「住居関連費」は誰もが支払う必要があり、額も大きい。仮に、毎月の家賃が8万円だったら年間住居費は96万円、30年で2880万円、さらに数年に1回の契約更新手数料、保険料を入れると3000万円以上かかる計算になる。
今、自分が払っている家賃を改めて確認してみよう。
今、払っている家賃（　　　　　）円
10年住んだときの累計額（更新料も含む）（　　　　　）円

・住宅販売業者のセールストークに「毎月の家賃を払うのと変わらない価格で買える」「金利は住宅ローン減税で所得控除できる」の2つがある。ウソではないが、条件などに抜けがないか確認。

・住宅ローンの破綻率は約2パーセント。誰にも想定外の事態は起こり得るため、30年、35年の長期ローンを組む前に、できるだけリスクを下げておく。

03-05 公共の交通機関とオートバイだけあればどこにでも行ける

バカにならない自動車のランニングコスト（お金、時間、手間）

私が自動車を所有していた期間は20代後半の1年間だけです。乗っていたのは在日米軍の友人が帰国する際に譲り受けた5万円の古い車でした。

車を所有して思ったことは、「確かに便利ではあるけれど、けっこうなランニングコストがかかる」ということです。

その頃の私は、ちょっとした移動は健康のために徒歩を心がけていましたし、仕事もあったので、それほど運転する機会はありませんでした。

ガソリン代を節約しても駐車場代、保険代、車検、自動車税などの固定費がバカにならないことを知りました。さらに、ラジエーターの故障、電球の球切れなど、修理や交換、洗車にかかる時間と労力がムダだと感じたため、転勤を機に手放しました。

その後、私の足として活躍してくれたのが排気量１００ｃｃのオートバイでした。高速道路で走行することはできませんが、車と同じ制限速度で一般道を走れるばかりか、渋滞していても脇を進めるため、移動時間が大幅に遅れることはありません。燃費のよさは乗用車の約４倍。保険料も維持費も格段に安く、コスパ満点の乗り物です。

デメリットは、「むき出しの体勢で走行するため事故にあったときのダメージが大きい」「搭載できる荷物の量に制限がある」「雨や強風下での運転に危険がともなう」ことです。

ただし、これらは注意すれば済むので、自分の心がけでクリアできます。

圧倒的にコストパフォーマンスが高い小型バイク

今、私が乗っているバイクは本体が32万円、年間に必要なコストは次の通りです。

・自賠責保険：年6000円
・任意保険：年1万円
・自動車税：年2400円
・ガソリン代：1万6875円（年間平均走行距離5000キロに要する125リットル）
・オイル代：2700円（4リットル）
・タイヤや駆動部の消耗品の交換代1万5000円

年間諸経費の合計額は5万2975円。

15年間乗ったバイク本体と諸経費の合計額は約112万円、走行距離1キロあたりのコストは約15円です。1500ccの自動車の走行距離1キロあたりのコストが約53円なので、それと比べると年間20万円近くを節約したことになります。

さらに、コストを抑える工夫はいくつもあります（この方法は自動車にも有効）。

・無事故期間を長くすることで保険等級を上げて掛け金を抑える。また、長期間契約することで割引率を高める。
・ガソリンは割引カード、QRコードクーポンを使って単価を下げる。
・1カ月に一度、タイヤの空気圧を高めに調整することで燃費を高める。
・不要なモノを車体から降ろして重量を軽くするとともに空気抵抗を下げる。
・日ごろから丁寧な運転を心がけることで、修理の機会を減らすとともに、下取り価格を高くする。

「公共の交通機関が整備されていない」あるいは「雪国なので車が必須」など、住んでいるエリアによってはバイクに切り替えることが難しい方もいるでしょう。

一方、「たまにしか利用しない自動車に庭のスペースを占領されている」とか、「駐車場代に年間10万円以上払っている」という人は、バイクに切り替えることで出費を抑えることができます。

家族で移動するときはレンタカーやカーシェア、タクシーなどシーンに合わせて利用すれば、トータルの交通費を節約できるはずです。

結論

・自動車を維持するコストは大きい。たとえ、ガソリン代を節約しても駐車場代、保険代、車検、自動車税などの固定費がかかるうえ、ラジエーターの故障、電球の球切れなど、修理や交換、洗車などの時間と労力がかかる。

・筆者は、自動車の代わりにバイクを移動手段として使っている。過去15年間にかかかった本体と諸経費の合計額は約112万円、走行距離1キロあたりのコストは約15円。1500ccの自動車の走行距離1キロあたりのコストが約53円かかることと比べると年間20万円近くを節約してきたことになる。

・雪国の場合など自動車がないと困る人以外は、バイクに切り替えることで、生活コストを大きく節約できる。車が必要なときはレンタカーやカーシェア、タクシーなどシーンに合わせて利用すればよい。

03-06
お得な株主優待券を活用しよう

株初心者は株主優待を目的に小さく始めてみよう

「164万円の元手を株式投資で200億円に増やした個人投資家がいる」――この事実を聞くと「個人でも資産を大きく増やせる」と思われる方もいるでしょう。しかし、株式投資に参加した9割の個人投資家は投下した資金を減らしています。なぜなら、市場の流れを作り出しているのは大量の資金を動かす機関投資家で、個人は調査力、分析力など、すべてが劣勢な状態で同じ土俵で戦わなければならないからです。

たとえるなら、ボクシングのルールブックを一読した素人がグローブをはめてリングに上がったら、世界ランカーと対戦するようなものです。

では、投資資金を失いやすい個人は株式市場に参加しないほうがいいのでしょうか？必ずしもそうではありません。なぜなら、たとえ損をしても自分の資金を市場に投入することで得られるメリットがあるからです。

たとえば、今まで聞き流していたニュースや経済政策が株価にどのような影響を及ぼすのか考え、この先、起こり得る世の中の変化を読み解く力を養えます。

現在、投資できる日本の上場企業の数は約4000社あります。その中で自分独自の勝ちパターンを見つけることができれば、1割の勝ち組に入ることができます。

株初心者が最初にやるといいのは、株主優待を目的とした投資です。

自分や家族がよく利用する商品やサービスを提供している会社を応援する気持ちで株式を購入します。

たとえば、家族でサンリオピューロランドによく出かけるのであれば、18万円（2021年5月末時点）でサンリオの株式を購入します。株主になることで、入場とアトラクションが無料になる共通優待券を年6枚、サンリオショップで使える1000円の買い物優待券2枚を受け取れます。そのほか、会社の業績により金額は変わりますが、年2パーセント程度の配当金があるため、株主になることで年12パーセント以上のメリットを享受できます。

私が最も長期間保有しているのは居酒屋チェーンでおなじみのワタミの株式です。10年以上前に10万円で購入しました。毎年6000円分の優待券が届くので、株価を気にせず保有しつづけています。現在の株価は当時と同じ約10万円。利益こそ出ていませんが、今までにもらった優待券だけで6万円分以上、業績がよかったときに振り込まれた配当金を考えると、投資資金を1・8倍に増やしたことになります。

株式投資を始めることで自分の視点を投資家に変える

日本の労働人口は約7000万人、それに対して株を保有している人は5000万人。一見、多いように見えますが、この数字は従業員持株会で自社株を積み立てている人も含まれます。実際に売り買いしている人は1500万人前後といわれており、ほかの先進国に比べるとかなり少ない数です。

現在は、空前の株高。2021年4月には日経平均株価が約30年ぶりに3万円を超えました。実態経済をともなわない株価なので「そのうち下落する」と言う人もたくさんいます。

現在、株価が上がっている理由は、各国の中央銀行が通貨の供給量を増やしているため、大量の余剰資金がビットコインなどの暗号資産や株式市場に流れ込んで価格を押し上げているからです。この流れは金融緩和が絞られるまでは株高が続くことになると思います。

私が株価の急落よりも心配しているのは、通貨供給量が増えたことで現預金の価値が低くなることです。自分の資産が現預金だけという人は大きな損を被る可能性があります。

株式投資は不動産や貴金属に比べると取引手数料が安いうえに少額から始められま

す。ぜひ、自分がよく使うサービスを提供している会社がどんな優待を出しているのか調べて、最低限の金額を投資してみてはいかがでしょうか。

自分の視座を投資家目線に変えることができます。

結論

・株式投資に参加した9割の個人投資家は資金を減らしている。理由は、市場の流れを作り出しているのは大量の資金を動かす機関投資家で、個人は調査力、分析力など、すべてが劣勢な状態で同じ市場で戦わなければならないから。

・個人投資家が勝つのは難しいが、株式取引をすることで、ニュースや経済政策が株価にどのような影響を与えるのかなどを考えるようになるため、世の中の変化を読み解く力を養える。

・株初心者が最初に始めるといいのは、株主優待を目的とした投資。自分や家族がよく利用する商品やサービスを提供している会社を応援する気持ちで購入する。安定した株式を長期保有することで株主優待や配当金を受け取ることで結果的に利益を得られる。

03-07 コンビニエンスストアとの正しい付き合い方

「コンビニにいくら払っているか」考えたことはありますか?

日本人は賃貸物件を探すときに、徒歩5分圏内にコンビニエンスストアがある物件を好みます。

コンビニは24時間、食品、日用品をはじめ必要なモノが買えますし、公共料金の支払いができる、ＡＴＭで入出金が可能、さらに宅急便の発送と引き受けができるなど、とても利便性の高い施設です。

しかし、消費者が便利なサービスを利用するためには、それと引き換えに何かを支払う必要があります。もちろん、コンビニが提供してくれるのは利便性、利用者が差し出すものはお金です。といっても、それはサービスにお金を支払うのではなく、商品を〝定価で買う〟ことを意味します。

つまり、コンビニで頻繁に買い物をする人は、利便性と引き換えに支出を増やしているのです。

もちろん、私もコンビニで買い物をすることはあります。しかし、それは出張や旅行中に限られます。自宅にいるときはディスカウントストアで必要なモノを買いそろえ、基本的にコンビニで買い物をしないようにしています。

お金が貯まるコンビニの利用方法×5

では、「コンビニをまったく利用しないのか」というとそうではありません。3日に1度くらいのペースで利用しています。

私がコンビニを利用する目的は次の5つの理由です。

①ＡＴＭ利用

銀行の営業時間にＡＴＭを利用すると、よく長蛇の列に並ぶことになりますが、コンビニのＡＴＭは24時間３６５日開いているうえにほとんど並ぶことがありません。ＡＴＭ手数料がかからない銀行口座に生活費を入れておくことで移動時間や列に並ぶ時間を削減できます。

②公共料金の支払い

公共料金の支払いは基本的に２パーセント還元を受けられるVisa LINE Payで支払っています。しかし、コード決済に対応していない自治体への固定資産税などの支払いはセブンイレブンのnanacoカードで支払うことでポイントを貯めています（詳しくは第２章「02－04　キャッシュレスを徹底することで節約は劇的に加速する」を参照）。

③メルカリで売れた商品の発送

全国一律１７５円（税込）で発送できる「らくらくメルカリ便」で、セブンイレブン、ファミリーマートから24時間、発送できます。朝昼夕のピーク時間を外すことで待ち時間を減らすこともできます。

④プリントアウト

１００メートル先のコンビニのマルチコピー機を自宅プリンタの代わりに使うことで、デスクまわりがスッキリするばかりか、インクやトナーを買う必要がなくなり、大きな節約になります。

⑤無料Ｗｉ－Ｆｉの利用

店舗利用している間にＳＮＳの確認や検索、メルカリ商品購入者への連絡など、自分のパケット通信量を減らすことなく用事を済ませることができます。ただし、セキュリティの観点から「パスワードの入力」や「クレジットカード番号の入力」は避けるようにしましょう。

上記サービス以外にも、宅急便の発送依頼、チケットの発券、郵便物の発送などに24時間対応してくれるのでとても助かります。

しかし、先ほども言いましたが、気をつけないとよけいな買い物をしてしまいます。昨年、私が所有する海外の別荘の向かいにセブンイレブンができました。すると、それまで、週に1回しか飲まなかったフラペチーノを毎日飲むようになりました。すぐにやめましたが、こうしたムダづかいにはくれぐれも注意したいものです。

結論

- コンビニは「公共料金の支払い」「ＡＴＭ利用」「宅急便の発送」など利便性の高い施設だが、売られている商品は割高。つまり、利便性を手に入れる代わりに、定価で買い物することになる。
- 日用品の買い物は基本的に割安なスーパーを使い、買い物以外の利便性の高いサービスを利用すると自分の時間的効率を高められる。
- お金が貯まるコンビニの利用方法は、「①ＡＴＭ利用」「②公共料金の支払い」「③メルカリで売れた商品の発送」「④プリントアウト」「⑤無料Ｗｉ－Ｆｉの利用」。日常生活においてこれ以外の目的には使わないように心がける。

03-08 図書館、公共施設は徹底的に使い倒す

お金持ちの考え方は読書で身につける

アメリカの経済雑誌「フォーブス」の長者番付に名を連ねるビリオネアの多くは、読書に時間を使う傾向にあります。時給数十万円～数百万円レベルの成功者が読書に時間を割いているのは、読書が効率の良い投資だからです。

私は、20代半ばまで大の活字嫌いでした。「本を読む時間があるなら映画を見たほうがいい」と思っていました。

しかし、旅行の楽しさを知り「サラリーマンを辞めて世界旅行に出かけたい」「そ

のためには、お金にお金を稼いでもらう必要がある」と、自分の目標が明確になってからは「成功者の考えを学ぶため」に毎月2、3冊ずつ本を読むようになりました。そのときには図書館を利用しました。

図書館の最大の強みは、いうまでもなく蔵書が豊富なことです。興味を持った本に手当たり次第に手を伸ばし、面白いと思ったものだけを読む多読乱読ができます。自分でお金を出して買った本は、つまらなくてももったいないので最後まで読んでしまい、結局は、お金だけでなく貴重な時間まで失うということがよくあります。しかし、図書館を利用することで、そのリスクを回避できるのです。

たとえ最寄りの図書館に読みたい本がなくても、県内の図書館に所蔵されていれば、1～2週間の時間はかかるものの取り寄せてもらうことも可能です。もちろん、お金はかかりません。

図書館を使い倒せば、無料で自己成長できる

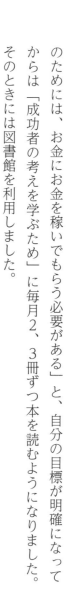

自分に役立つ本を年間に20~30冊読むようになると、成功者の考えに近づいていた思考になります。だからといってすぐに年収が増えるわけではありませんが、遅れて増えてくることは事実です。

仮にビジネス書1冊が1500円だとして、20冊で3万円です。年間3万円を本に支出するだけで収入が上がるのですから、こんなにリスクの低い投資はありません。おまけに、図書館を利用すると、出費を限りなくゼロに近づけることもできるのです。

夏は涼しく、冬は温かい空調が行き届いています。また、場所にもよりますが、私物のパソコンを持ち込むスペースがあるばかりか、電源が使える。無料Wi-Fi完備、さらにマンガ、CD、DVDまで楽しめます。自宅で作ったお茶を水筒に入れて持ち込んだら、まったくお金をかけないで、1日中、快適な空間の中で自分の知識を高めることができるのです。利用しない手はありません。

図書館のほかに、ぜひ利用したいのが自治体で運営している体育館などの運動施設です。会員制のフィットネスクラブに入会すると月1万円前後の会費が必要になります。確かに、スタジオプログラムに参加できたり、本格的なトレーニング器具を使えるので、会費は高くはないでしょう。しかし、会費の元を取ろうと思い通いすぎると、時間の浪費になってしまいます。

何をするのにも身体が資本になるのですから、常にきびきびと動ける状態にしておくことは大切です。ただし、身体作りに時間をかけすぎるのも考えものです。健康維持を目的とした身体作りであれば、自治体の運営する体育館で事足りるうえに、1回あたりの施設利用料は300円程度です。フィットネスクラブの5分の1程度で済みます。

ほかにも、スイミングプールや温泉、バスケットコートやサッカーグラウンド、会議室など、自治体は格安で使える施設をいろいろ提供してくれています。また、市民には毎月、無料利用できる日を設けている自治体もあります。

自分の納めている住民税の一部を回収するつもりで、ぜひ自分が必要としているサービスが提供されていないか調べてみてください。きっと、生活を充実させてくれるはずです。

結論

・長者番付に名を連ねる大金持ちは、読書に多くの時間を割いている。その理由は、読書は最も効率の良い投資になるから。
・自分に役立つ本を年間20〜30冊読むようになると、成功者の思考に近づく。徐々に年収が増えてくる。
・ビジネス書1冊が1500円だとして20冊で3万円。この投資額で収入が上がるので、読書は効率の良い投資といえる。さらに、図書館を利用することで、出費を限りなくゼロに近づけることも可能。

03-09 その保険は本当に必要ですか？

お金持ちが生命保険に入らない理由

日本人の約８割が生命保険に契約しています。

世帯主が死んだあとに残された家族が10年間生活するのに困らない資金を残したい――親としては至極まっとうな考えです。

しかし、「お金持ちが生命保険をかけているか？」といったら、かけている金額は相続税が免除される５００万円×相続人数程度だったり、そもそも契約をしていない人がほとんどでしょう。

なぜなら、残された家族に資産を相続させればいいだけですから。また、毎月、生命保険料を支払うくらいなら、そのお金を自分で運用したほうが資産を増やせると考えるからです。

では、「お金持ちはまったく保険に加入しないのか？」といえばそんなこともありません。私自身も「自動車保険」「火災保険」に加入しています。

この2つの保険に加入している理由は次の4つです。

①事故や火災が発生した場合、どれだけの損害を被るのか、弁護士費用が必要になるかわからないという不安を解消できる。
②自動車保険は、無事故期間が長くなることで保険料を半額程度に圧縮できる。
③火災保険は、水災や風災により物件が損害を受けた場合、修繕に使えるので掛け金を回収できる。
④火災保険は保険申請しても、等級が下がり、掛け金が高くなることはない。

つまり、支払う金額に対して受け取れる補償のほうが大きい、契約する価値のあるものを選び、支出を減らしているのです。

¥ 意外と見落としがちな「高額療養費制度」

私は公務員だった間は、ケガに備え、傷害保険に入っていました。28年近くかけた保険から回収できたのは首を骨折して入院した1回だけ。掛け金は毎月9000円、28年間に納めた総額は302万円。保険料として振り込まれた金額は、保険会社に難クセをつけられ減額された50万円。掛け金の5分の4以上を保険会社に吸い上げられたことになります。

確かに「1回しか保険のお世話にならなかったのだから、むしろラッキーだった」と考えることもできますが、初めから契約しないことが一番かしこい選択だったことはいうまでもありません。なぜなら、**日本では国民健康保険に加入していれば医療費は3割負担。もし大ケガをして数百万円の医療費を請求されても、高額療養費制度を使うことで月の上限金額を9万円程度に抑えることができる**のですから。

支払う自己負担の限度額は前年の所得により変わりますが、所得額770万円の世帯であれば、1カ月に支払う医療費の上限は9万円です。つまり、大ケガをして3カ月入院して数百万円の請求があっても手続きを行なうことで、負担額を27万円に抑えることができるのです。

もちろん、**ケガの原因が仕事中や通勤であれば、労災保険が治療費を支払ってくれるので、高額療養費制度の手続きは必要ありません。**

保険に入る前にマネーリテラシーを高めよう

将来、いくら医療費を支払うかわからないことに恐怖を感じ、傷害保険を契約する。毎月、保険料を支払いつづけることで、資産が増えるスピードが鈍化する――そんな負のスパイラルを作り出しているのは、お金に関する知識が乏しいことが原因です。

たとえば、ガンの家系で自分もガンになることが心配な人は、ガン保険に入って安心するよりも、支払う保険料分、食べる野菜をオーガニックに変えたり身体を動かすなど、予防にお金を使いましょう。

毎月スマホ保険をかけるよりも、そもそも紛失しない、破損しない使い方をこころがける。

子どもの成長に合わせて積み立てる学資保険を契約するくらいなら、保険会社の力を借りずに自分で貯金して蓄財するクセをつける。

自宅を住宅ローンで購入した場合は団体信用生命保険（団信）の加入は義務です。契約者が亡くなった場合、ローンの残債がなくなるのですから、生命保険の補償額を下げる工夫をする。

このように、やみくもに保険に入るのではなく、どうすればお金を残せるかマネーリテラシーを高め、支出を減らす工夫をしましょう。

昔から保険会社は一等地に立派なビルをかまえ、数万人もの従業員を抱えています。彼らが儲かっていることを考えれば、自分がどう行動するかは自ずと見えてくるはずです。

結論

・お金持ちの大半は生命保険に加入していない。していたとしても、相続税が免除される金額程度。なぜなら、生命保険に入らなくても、残された家族に資産を残すことができるため。また、毎月の保険料を支払うくらいならそのお金をもっと効率的に増やすことを考える。

・筆者は「自動車保険」と「火災保険」に加入している。保険をかけることで、事故や火災が発生した場合、どれだけの損害を被り、弁護士費用が必要になるかわからないという不安を解消できるメリットがあるため。

・わざわざ民間の保険に加入しなくても、国民健康保険に加入していれば医療費は3割負担で済む。もし大ケガ、大病で数百万円の医療費を請求されても、高額療養費制度を使うことで毎月の上限金額を9万円に抑えることができる。

第4章

生活パターンを変えると
お金がどんどん貯まる

04-01

正しい信念、行動、習慣を整えると自ずとお金は貯まる

誰かの役に立つからお金を手にすることができる

心が変われば態度が変わる。
態度が変われば行動が変わる。
行動が変われば習慣が変わる。
習慣が変われば人格が変わる。
人格が変われば運命が変わる。

運命が変われば人生が変わる。
（出典元不明）

私の大好きな名言です。

プロサッカー選手になりたいと思っている子どもがサッカーのテレビゲームに熱中したところで夢はかないません。小さい頃から名門クラブチームに入りコーチや先輩の教えを受けとめ、長年、正しい練習を続けるからこそチャンスがやって来るのです。

何事もそうですが、夢を実現するのには、強い信念を持ち、正しい行動を続ける必要があります。また、その姿勢があるからこそ、まわりから応援されるのです。

つまり、望んだ結果を手にしている人は、手にするのにふさわしい人格や技術を長年の行動により作り上げている。名声や報酬はそれについてきただけのことなのです。

お金についてもまったく同じことがいえます。

お金は便利なツールなので誰もが欲しがります。しかし、実際にお金を得られるタイミングは、誰かの役に立ったときだけです。

会社に利益をもたらしているから給料、住居を提供した見返りに家賃、視聴者を楽しませるコンテンツを提供している間に広告表示した協力金として広告費など――お金を受け取ることは、人に役に立ったことに対する〝感謝のしるし〟なのです。

誰でもできるお金を貯めるためのシンプルな4つの習慣

いくら「お金が欲しい」と望んでいても、終業後に同僚と居酒屋で上司のグチを言っていたら、誰からも感謝されることはありませんし、お金は1円も増えません。増えるのは、ムダな出費と摂取カロリーだけです。

お金を増やすためには、次の①～④に取り組む必要があります。

①本業で成果を上げることで継続的な収入を得る。
②毎月出ていく出費を減らして、手元に残るお金を増やす。
③副業により本業以外の収入を得る。
④資金が減るリスクを覚悟して投資によりリターンを得る。

①〜④に潜むリスクとその対策は次の通りです

①本業で成果を上げることで継続的な収入を得る

給料やボーナスが仕事の出来高で変わる人以外は、給料を上げるのに時間がかかります。下手に昇進や昇給を狙うより、与えられた仕事をきちんとこなして自分の時間を確保することに注力しましょう。

②毎月出ていく出費を減らして、手元に残るお金を増やす

毎月の支出を賢く節約、欲望に負けることなく貯蓄するクセをつけましょう。節約はリスクなく自分の財産を確実に増やしてくれます。

しかし、支出を減らしすぎると人生が貧しくなるため、お金を使う優先順位を決めて、優先順位の低い支出を減らし、早めに投資の元手を作りましょう。

③副業により収入を得る

仕事が終わったあとに、コンビニやレストラン、工事現場の誘導係など労働収入をかけもちすると肉体的、精神的に負担が大きく身体を壊す可能性があります。
取り組む副業は、物販、ブログのアフィリエイト収益、ライター、趣味の延長でできることや自宅で取り組めることを探し、うまくいったものを育てるようにします。

④資金が減るリスクを覚悟して投資によりリターンを得る

ＦＸや個別株は値動きが激しいため、知識がない人は投資資金を失う可能性が高いので慎重に投資しましょう。本気で取り組むなら実績の出ている塾等で知識をつけてから始めるようにしましょう。

私が「億」の資産を築くのに最も貢献してくれたのは不動産投資でした。銀行からの信用が高い公務員だったため、有利な条件で融資を受けられたのが勝因です。しっかりとした経営基盤を持つ会社に勤めている方、年収が高い人は、関連書籍を10冊ほど読み込み知識武装して始めれば失敗することは少ないです（詳しくは第5章「05－04　私が不動産投資を選んだ理由」をお読みください）。

畑に種をまいていないのに、祈ることで、作物を収穫しようとする人がいます。

時間を祈ることに使うよりも、種をまくことに使ったほうがよほど自分を助けることになります。

結論

・お金は誰かの役に立つことで初めて得ることができる。会社に利益をもたらすことで給料、住居を提供した見返りに家賃など、お金を受け取ることは、人に役に立ったことに対する〝感謝のしるし〟である。

・仕事が終わってから同僚と居酒屋で上司のグチを言っていると、誰からも感謝されないので、お金は1円も増えない。増えるのは、ムダな出費と摂取カロリーだけ。今すぐやめたほうがよい。

・誰でもできるお金を貯める習慣は次の4つ。「①本業で成果を上げて継続的な収入を得る」「②毎月出ていく出費を減らして、手元に残るお金を増やす」「③副業により本業以外の収入を得る」「④資金が減るリスクを覚悟して投資によりリターンを得る」。

04-02 もしかしてお金が貯まらない生活をしていませんか？

必要な生活費と保有資産のバランスで人生は決まる

日雇い労働者は、明日必要なお金を稼ぐことを考えて暮らします。

フリーターや派遣社員は、今月を乗り切ることを考えてお金をやりくりしています。

安定したサラリーマンになることで初めて、1年を乗り切ることを考える余裕が生まれます

それに対して、お金持ちは10年先の生活費の心配すらしていません。

その日暮らしの人が、毎日どうお金を工面するか考えて心配しながら歳をとってい

くのに対し、お金持ちはそんな心配なしに時間を有意義なことに使います。

この違いは「貯金が2000万円あるから大丈夫」ということではありません。**お金持ちが心配しないのは、自分が年間に必要な生活費の何倍の資産を持っていることをきちんと把握できているからです。**さらに人によっては、毎月必要な生活費を働かなくても得られるようにしています。

つまり、毎年必要な支出額に対して資産をいくら保有しているかによって、時間の使い方が変わってくるのです。

¥ 今の生活費をきちんと把握することから始めよう

私は就職して収入を得はじめたときからムダづかいを極力しないようにしてきました。なぜなら、給料はやりたくない仕事をこなした対価であり、使うなら自分の可能性を広げることに使いたいと思っていたからです。公務員として勤めながら資産を築き、早期退職した今、勤務していた時間がまるまる自由時間になりました。

時間の制約がないため、寒い時期は南国ですごしています。また、「コロナ禍が落ち着いたら世界一周旅行をする」「再来年は中米でスペイン語留学をする」など、実現したいことを10年先まで計画しています。

皆さんの中には、「自由な生活がうらやましい」「たまたま、お金持ちになれたからそんな暮らしができているのでしょう」と思われる方もいるでしょう。

私は、ムダづかいを自制して投資の元手を作り、投資することに時間とお金を割いてリスクを取り、資産を築きました。つまり、サラリーマンのときから夢を実現するのに必要なタスクを1つずつクリアした結果、今、自由を享受しているのです。

自由な生活を送りたい方は、今の自分が1カ月にいくらお金を使っているのかを正確に把握してください。そして、ムダな支出を削って生活コストを下げてください。生活費は生きている限りずっと発生します。毎月1000円支出を減らせれば、80年で96万円、毎月1万円なら960万円の節約になります。

思考を変えることさえできたら、「お金が貯まらない生活」が「お金が貯まる生活」に変わるのです。

結論

・サラリーマンが、毎月、毎年のお金をどう工面するかを心配しながら生活しているのに対して、お金持ちは時間を、自分を成長させたり、資産を増やすことに使っている。

・お金持ちが生活費の心配をしないのは、たくさんお金を持っているからではなく、自分にとって必要な生活費がいくらで、何年先まで確保できているかを把握できているから。

・自由な生活を送りたい人は、まず毎月の支出を正確に把握し、できるだけムダな支出を削って生活コストを下げることから始める。毎月１０００円支出が減ったら、80年で96万円、毎月1万円なら９６０万円の節約になる。

04-03 手帳でお金、時間、行動のムダをチェックする

手帳を徹底的に活用してお金持ちになるための9つの方法

何かと忙しい現代人、立てつづけに入って来る予定を効率よく管理するのに欠かせないのが手帳です。いつどこで、何をするのかはもとより、過去の行動を振り返る、メモしたアイデアを見返すことができる手帳は、私にとっては失くしたら取り返しがつかないほど大切なツールです。

私は30年以上手帳を使いつづけて、自分なりに使い方を工夫しつづけた結果、次の9つの活用法を編み出しました。

①1冊にまとめる

複数の手帳でスケジュール管理すると、予定をバッティングさせる恐れがあるため使う手帳を1冊に限定します。

②小さくて軽いものを選ぶ

常に持ち歩けるように、サイズは、シャツの胸ポケットに入る大きさの軽いものを選びます。

③翌年の予定を前年12月に記入する

12月になったら、翌年実施することがすでにわかっていることを月間予定欄に記載します。

たとえば、「2/16〜3/15　確定申告提出」「11/6　R6年免許証更新」など。

これらの予定を書き留めておくことで早いうちから心の準備ができます。

④年間目標を記入する

年末年始に決めた自分の年間目標3～5個を手帳の見開きページに記載します。

たとえば、「西日本一周ツーリング」「毎週ブログ更新」など。書き留めることで、手帳を開くたびに、年間目標が目に入るので忘れません。

⑤よく行くお店の定休日、ポイントアップの日を記入する

前年の12月のページに、よく利用するお店の定休日、営業時間、ポイントアップの日、保有しているクレジットカードの引き落とし日などを記入します。

たとえば、「マルエツさがみ野店　営業10～01」「(水)(土)ファミリーマート　ポイント2倍」「毎1日：丸亀製麺半額」など。これにより、効率よくポイントを貯めることはもちろん、閉店後に行って時間とガソリンをムダにすることを避けられます。

⑥1日の行動を記入する

起きてから眠るまで、自分がどんな行動をとったのか記入します。

たとえば、「08起床　散歩　SNS確認、09：15読書、12昼食、12：40執筆、18：30夕食、

19：30 YouTube視聴、22入浴、23就寝」（※数字は時刻）など。あとから自分の行動を振り返ることができるので、書類作成や執筆などの助けになるうえ、万が一事件に巻き込まれたとき裁判の証拠にもなります。

⑦すべての支出を記入する

たとえば「17：30ガソリン　2200円、18：10メガドンキホーテ食品3625円」など、時刻と金額を記入します。

これは、レコーディングダイエットと同じ原理です。記録することで支出に敏感になり、お金を使うと手帳に書かなければいけないというプレッシャーを感じます。この心理的な効果により、よけいな支出が減ってきます。

また、この方法の良いところは、自分が何にいくら使っているのかを振り返れることです。それによりコストカットできる項目を割り出すことができます。

⑧読んだ本や観た映画のタイトルを記入する

読み終わった本、視聴した映画タイトル、読了、視聴完了した月日を記入します。

記録を残しておくことで、同じ本や映画タイトルを二度見ることを避けます。また、良いと感じた作品を友人に紹介するときにも便利です。

⑨同じものを使いつづける

自分が使いやすい手帳を見つけたら、次の年以降、ずっと同じものを使いつづけるようにしましょう。手帳は1年間、すべての行動をともにする相棒です。フォーマットが変わると慣れるまで記入しづらいですし、あとから見返すときにわかりづらいので、できるだけ同じものを使いつづけましょう。

¥ 時間を有効に使う人は人生を制す

手帳を見返すことにより、支出だけでなく、時間のムダを減らすこともできます。

毎週2回、東京に行く用事がある人が、別の用事とまとめて済ませることができれば、1往復分の時間と交通費を節約できます。

時間的コストを意識できるようになると、少々家賃が高くても通勤や買い物に便利な物件を選ぶようになります。

また、「クリーニングを受け取りに行ったら閉店していた」「コンビニのマルチプリンタで出力しようとしたら規格外のフォーマットでできなかった」といった時間のロスを事前に防げるようになります。

良い意味で時間にシビアになり、自分の時間を有効に使えるようになります。

手帳1冊1000円、上手に使いこなせれば毎年100倍以上のリターンをもたらしてくれる、節約の必須ツールです。

結論

・お金持ちになるための手帳活用法×9
①1冊にまとめる。
②小さくて軽いものを選ぶ。
③翌年の予定を前年12月に記入する。
④年間目標を記入する。
⑤よく行くお店の定休日、ポイントアップの日を記入する。

⑥1日の行動を記入する。
⑦すべての支出を記入する。
⑧読んだ本や観た映画のタイトルを記入する。
⑨同じものを使いつづける。

・手帳をこまめに見返すことで、複数の用事をまとめて済ませられることに気づき、時間、手間、お金を節約することができる。特に時間的コストを意識できるようになると、少々家賃が高くても通勤や買い物に便利な物件を選ぶようになる。

・手帳1冊はせいぜい1000円。うまく使いこなすことで毎年100倍以上のリターンをもたらしてくれる。

04-04 「悪い習慣」という金食い虫を退治する

自分のムダづかいにきちんと向き合おう

お金が貯まる人は、不要なものやサービスには支出しません。逆に、お金が貯まらない人は、たびたびムダな買い物をしてお金を失います。もちろん、支払うときにはムダな出費とは思っていませんが、結局、使わなければ部屋を占領して掃除や片づけを妨げるジャマものになります。

「なぜお金が貯まらないのだろう?」と感じている方は、定期的に不要な支出がないか次の8項目を振り返ってみましょう。いくつ当てはまりますか?

①ギャンブルや飲み会

友人との付き合いでギャンブルをしたり、飲み会に参加することでお金を失うことはもちろんですが、それ以上に、限りある時間を自分のスキルアップに使えないことは、大きな損失です。

②2次会や締めのラーメンなどよけいな食費

飲み会や宴会に参加すると、流れで2次会で別の飲み屋に行ったり、ラーメン屋に立ち寄るという方は多いのではないでしょうか。すでにけっこうな量のアルコールやカロリーを摂っているのに、そのうえさらに飲み食いをすることは果たして身体にいいことなのでしょうか？　また、お金や時間のムダでもあります。

若いうちはともかく、歳をとるほど身体に負担がかかり、健康を害する要因になるので、なるべく控えるようにしましょう。

③なんとなく立ち寄るカフェ

時間があるときに、なぜか立ち寄りたくなるスターバックスコーヒーなどのカフェ。

コンビニやマクドナルドであればコーヒー1杯100円で買えます。なぜその3倍も払ってラテを飲む必要があるのでしょうか？　あなたは自分が1カ月間にラテマネーにいくら支払っているか把握できていますか？　支出した分、気持ちのリフレッシュや良い人間関係が築けていますか？

④確たる目的のない資格取得

資格取得の学校や通信講座に申し込んでみたものの、いつしか授業についていけなくなってしまい、足が遠のいている、勉強をやめてはいませんか？　あるいは、勉強を続けているにしても、そもそもその資格は本当に自分に必要か、きちんと考えましたか？

確かに、資格を取得することは昇給や再就職に有利です。しかし、その資格を取得するためにかけた時間や費用を回収できる見込みはありますか？　資格を取ったあとの使いみち（たとえば、転職、独立、留学など）は決まっていますか？　もし、そうでなければ、お金と時間のムダになる可能性があります。

⑤衝動買い

50パーセントオフとか70パーセントオフといった値札に釣られて、たいして欲しくもない品物を買って、あとで後悔したということはありませんか？　あるいは、店頭で気に入って買ったものの、数回しか袖を通していない洋服がクローゼットに眠っていませんか？

お金を貯められる人は値段がいくらかの前に、本当に必要かどうかで購入する／しないを判断しています。ですから、あなたも「安物買いの銭失い」をしないようにサイフの紐をゆるめる前に思案するクセをつけましょう。

⑥通わなくなったスポーツクラブや習いごと

入会月会費無料の言葉につられて入ったものの、最初の数回通っただけのスポーツクラブに入会したままではありませんか？　最近は忙しく通えていないのなら、面倒くさがらず退会しましょう。ずるずると在籍しても、得するのはスポーツクラブだけです。

スポーツクラブや習い事の教室などは、まず自分が確実に通える日数を想定し、1

回あたりの利用料がいくらになるかを試算し、納得できたときだけ入会することが大切です。

⑦ろくに観ていないネットのサブスク動画

特定のドラマを視聴するために複数契約したNetflixなどの動画サブスク（動画見放題の定額サービス）はお得に感じます。しかし、月額料金1000円を払っていても月1~2本しか視聴しなければ、レンタルDVDよりも割高です。

いつでも動画が観られることに満足してしまい、ほとんど利用しない動画サービスの会費を払い続けていませんか？　また、複数の動画配信サービスを契約して、よけいな出費を増やしていませんか？

動画配信サービスもスポーツクラブなどと同様に、自分が1カ月にどれくらい視聴するかを見積もってから契約するかを決めるようにしましょう。

⑧大画面テレビ、座り心地のいいソファ

ゆったりとしたソファに座り大画面テレビを観る――一見、いい買い物のようですが、こうした環境を作ると、たいていの人が寝るとき以外の多くの時間をソファですごすようになり、生産的なことに使う時間が大幅に減ります。ですから、「投資の勉強をしたい」「何かスキルを身につけたい」などという人は、買わないことをおすすめします。

意義ある使い方をするとお金は増える

一般的に、内向的な人に比べ、外交的な性格の人のほうが散財する傾向が強いようです。

しかし、お金を価値ある経験や人脈を広げることに換えることもできます。つまり、意義あるお金の使い方をすれば、お金を使って資産を増やすスピードを速めることができます。

今、貯金ができていない人も、人生を豊かにしたいはずです。であれば、なるべくムダづかいを控えて、月2万円でいいので貯蓄すると1年で24万円貯まります。これだけのお金があれば、海外旅行、スキューバダイビング、語学習得など、自分の可能性を広げることに使えます。

「自分の未来を明るくしたい」と真剣に考えるようになれば、「なんとなくスタバに立ち寄ってラテを飲む」「欲しいものがあるわけでもないのにバーゲンセールに出かける」「自宅でダラダラとテレビやネット動画を観る」など、ムダなことに時間とお金を使わなくなるのです。

結論

・「なぜお金が貯まらないのかな？」と感じている人は次の8つをしていないかチェックしてみよう。

①ギャンブルや飲み会
②2次会や締めのラーメンなどよけいな交際費
③なんとなく立ち寄るカフェ
④確たる目的のない資格取得
⑤衝動買い

⑥通わなくなったスポーツクラブや習いごと
⑦ろくに観ていないのに契約しているネットのサブスク動画
⑧大画面テレビ、座り心地のいいソファ

・①〜⑧のうちで自分が支出しているものを挙げてみよう。
（　　　　）（　　　　）（　　　　）
（　　　　）（　　　　）（　　　　）
（　　　　）（　　　　）（　　　　）

・「人生を豊かにしたい」と思ったら、月2万円、年24万円を貯めてみよう。そして、海外旅行、スキューバダイビング、語学習得など、自分の可能性を広げることに使おう。

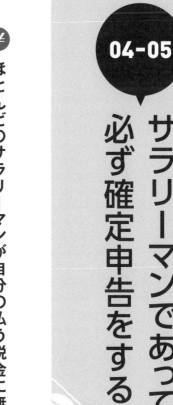

04-05 サラリーマンであっても必ず確定申告をする

ほとんどのサラリーマンが自分の払う税金に無頓着な理由

私が初めて確定申告をしたのは20年前。まだ公務員だったときです。株式投資で得たわずかな利益を申告するために平日に休みをとり、税務署に出かけました。広い特設会場は長蛇の列。自分の順番がまわってくるまでに1時間かかり、とても面倒だった記憶があります。

国民の3大義務の1つに「納税」があるにもかかわらず、家庭や学校で税金の算出方法を教えません。大多数のサラリーマンは、経理部から配られた年末調整票を記入して提出するだけなので、算出方法を知る必要もありません。

このように会社が税金の申告を代行してくれることは、一見、納税者の負担を減らす便利な仕組みのように思えます。しかし、そのせいで納税者は痛税感《つうぜいかん》を感じづらくなり、支払う税額に疑問を持たなくなります。自分ができる節税は「生命保険控除」「住宅ローン控除」だけで「添付書類を忘れずに提出する」――という考えしか浮かびません。

また、税金は給料が振り込まれる前に徴収される「源泉徴収」という形で納められます。文字通り源泉から直接徴収するのですから、国や自治体はとりっぱぐれることがない見事な仕組みです。この納税方法が日本に導入されたのは１９４０年。第二次世界大戦が開戦した翌年です。戦費をまかなうために、ドイツが使っていた手法を日本が取り入れたのです。

税金に向き合うことでビジネスセンスが磨かれる

私は**「サラリーマンが確定申告をすることには大きなメリットがある」**と考えます。副業（個人事業）や、株式投資などから一定以上の収入を得ている人は、自分が稼いだ損益を客観的に見ることができる貴重な機会になるからです。

私は、投資による収入が100万円を上回った15年前から書類作成、提出を税理士に依頼していますが、その元となる帳簿は今でも自分で作っています。この作業をすることで、税理士に支払う報酬を下げられるほかに、不動産収入であれば「物件Aは空室期間が長くなってきた」「物件Bは修繕費が増えた」など、自分の資産の状態を把握することができるのです。

確定申告をすることのもう1つのメリットは、携帯電話やインターネット代、ガソリン代あるいはセミナー受講料などを経費にできることです。もちろん、本業やプライベートで使った分を計上することはできませんが、通話時間の30パーセントが個人事業や投資に関連する内容であれば、スマホ通信料の30パーセントを経費として計上することができます。

税理士資格を持たない私が、これ以上詳しく書くことは控えますが、経費に関することがわかると経営について理解できるようになり、経営者と共通の話ができるようになります。


副業や投資をしていない人でも、確定申告に詳しくなるメリットはおおいにあります。「住宅ローン控除」「医療費控除」「ふるさと納税」などの各種控除。株式やＦＸへの投資で損失が出ても、申告することで3年先まで損失額を非課税にすることができます。

「仮想通貨の取引で利益が出たけれど、よくわからないから放置しておいたら、数年後に税務署の調査が入り、追徴金や延滞金を取られて大損した」――こんなことになるくらいなら、税務署に電話して正しい税務処理の方法を教えてもらい、きちんと確定申告をするほうがよほどかしこい選択です。

サラリーマンであっても、税務と向き合って損することはありません。

結論

・家庭や学校で、国民の3大義務の1つである「税金」の算出方法を教えない。また、大多数のサラリーマンは自分の納税額を経理部にまかせきりのため、国から言われるまま無自覚に納税をしている。
・サラリーマンであっても、副業（個人事業）や、株式投資から一定以上の収入を得ている人は、確定申告をするとよい。自分が稼いだ利益や経費を客観的に把握できる貴重な機会となる。
・副業や投資をしていない人でも、確定申告について学ぶことで、「住宅ローン控除」「医療費控除」「ふるさと納税」などを使うことで税金を下げることができる。また、株式やＦＸへの投資で損失が出ても、申告することで3年先まで損失額を非課税にできる。

04-06 数秒／数分単位で細かく時間を節約する

秒も積もれば分になる、分も積もれば時間になる、時間も積もれば……

私が勤めていた海上自衛隊で最も恐れられていた教育機関は「幹部候補生学校」。幹部になるために必要な素養を叩き込むため、肉体的、精神的に追いつめられる地獄の学校でした。

常に時間に追われているため、校内での移動は駆け足か早足。提出課題、テスト対策、制服の手入れなどさまざまなことに追われ、食事や入浴を抜かなければならないことも多々ありました。

このような時間に余裕のない生活を経験したことで、普通に日常生活を送れることに感謝できるようになりました。また、退職した現在も時間をムダにしないように心がけて生活しています。

特に私が気をつけているのは、細かいことに時間を奪われないことです。

たとえば、郵便物の受け取りは集合住宅ポストではなく、自室のドアポストにしています。集合住宅ポストまで往復するのに1分ほどかかります。仮に年間300回往復するとしたら、合計で300分（5時間）です。この時間を節約できます。

また、ドアポストに入れてもらうことで配達員が来たことがわかります。そのため何か発送物があるときは、手渡すだけで済みます。特に、ポストに投函できない厚み4センチ以上のレターパックなど郵便局の窓口に行く必要があるものを自宅から発送できるので助かります。郵便局までの往復の時間を節約できることは大きな時間の節約になります。

このほかに私が実践している時間短縮術には次のようなものがあります

- 1人で歩くときは常に早足で移動することで移動時間を短縮する。
- 電車の発車時刻を逆算してホームで待つ時間を減らすように自宅を出る。
- よく利用する路線は、乗り換えに便利な（次のホームへの移動に都合の良い）車両を選ぶことで乗り換えに要する時間を短縮する。
- 初めて訪問する場所は、スマホに住所を入力して地図アプリを使うことで、迷う時間を減らす。
- お風呂で身体を洗ったあとに、続けて頭を洗ってから泡を一気に洗い流す。
- 電動歯ブラシを持ち歩き、歯を磨く時間を減らすと同時に、ヘッド交換の手間を減らす。また、歯の健康維持にもつながるので、虫歯や歯周病の治療のために通院する時間を減らす。
- 私のヒゲは濃くないが、それでも定期的に剃る必要があるので、ヒゲ剃り時間を削減するために、体験ヒゲ脱毛を受けて2～3割薄くする。
- SNSやメールでよく使うフレーズは、あらかじめ単語登録して入力時間を短縮する。

・パソコンで文字入力をするときは、マウスはなるべく使わない。キーボードショートカットを多用することで時間を節約する。
・自宅のポストに届く不要な投げ込み広告やダイレクトメールは、送り主に電話して発送を止めてもらう。
・申し込んだものの、あまり読まないメルマガやLINE@などは、送信停止の手続きをする。これにより受け取るメールや通知の量が減り、確認に必要な時間を節約できる。
・カギ、財布、スマホ、眼鏡、バッグなどの置き場所を決めておくことで、探す時間をゼロにする。
・自宅内の動線の改善に役立つ棚や収納ボックスなどは、多少時間がかかっても自作する。
・時間を上手に使っている人の書籍を読んで、マネできることを取り入れる。特に、おすすめしたい書籍は『仕事が速い人は、「これ」しかやらない』(石川和男、PHP研究所、2020年)。

ある調査によると、私たちは1日平均30分程度、探し物をすることに時間を使っているそうです。この時間を半分にできたら、年間で90時間を節約できます。ムダな時間を減らし、増えた時間で温泉に行く、自分のスキルを高める、投資の勉強をするなど、人生を充実させることに振り分けたほうが明らかに良い人生になるはずです。

結論

- 常日頃から、「細かいこと」に時間を奪われないように注意する。1分かかる細かいことを年間に300回行なうと300分（5時間）のロスになる。
- 移動する際は、事前に経路と所要時間を検索しておく。徒歩で移動する際は「道に迷う」時間を減らすために、スマホに住所を入力して現地ですぐに確認できるようにしておく。
- 人は1日平均30分程度、探し物をすることに時間を使っている。これを半分にできたら、年間で90時間を別のことに使える。

04-07

時間という資産を将来のための勉強に投資する

お金持ちになりたければ自分の能力に投資しよう

お金と時間は密接に結びついています。

時給1000円の仕事で8000円稼ぐためには、8時間の労働を提供する必要があります。一方、医者や弁護士は1時間で1万円以上を稼ぎます。この差は提供できる価値と希少性の違いです。

ファストフード店のスタッフのような仕事を総じて「マックジョブ」といいます。マックジョブに求められることは、単調な業務をミスなく繰り返し、低賃金で働くことです。誰でもできる仕事なので、経営者は賃金を上げることに消極的です。

一方、高額報酬を受け取れる仕事は、きびしい倍率に勝ち残った秀才が、努力しつづけて手にした職です。彼らは幼少期から勉強に時間を使い、親も多額の教育費を投下してつかんだ仕事ですから報酬が高いのも当然です。

つまり、人は時間をお金に換えることはできますが、得られる金額は今まで努力して得た資格やスキルによって大きな差がつきます。

現在の私は、不動産から十分な収入を得ることができています。しかし、収入を得るために使う時間は年50時間程度です。銀行の入金確認、故障した施設の修理費業者の選定、確定申告の準備くらいです。それ以外の煩雑な業務は、管理会社や税理士に手数料を支払うことで片づけてもらっています。

50時間で1000万円を稼ぎだす人の時給は20万円です。時給で比較すると。時給1万円の専門家の20倍です。これは、私がサラリーマン時代に利益の出る投資物件を探し、不動産業者、銀行と交渉することを続けてきた結果です。

つまり、高校までうだつの上がらなかった人間でも、心を入れ替えて能力を高めることに時間を投下すれば、高収入を手にすることができるということです。

今が人生で一番若い

世の中には、苦労して稼いだお金をムダに使ってしまう人がたくさんいます。

彼らは、他人からの賞賛や羨望を得るために、高級車や最新のスマホを購入したり、話題のお店に足を運んだりします。私から見ると、こういう人たちは投資に使う元手を取り崩して、将来得られるはずの利益を減らしているように見えます。

流行に乗ることが自分のブランディングや収入アップにつながるのならば話は別ですが、そうでないなら、もっとお金や時間を大切にするべきでしょう。


今、自分の持つ能力は、過去にどんな時間をすごしてきたのかの結果です。この先、どのように時間を使うかで未来の収入が決まります。


現在の習慣の延長線上に理想の未来が描けないとしたら、今からでも時間の使い方を変えて理想の自分になれるよう努力する必要があります。

「今が人生で一番若い」――今からでも、行動を起こしたら5年、10年後の到達地点はずいぶん変わってくるはずです。

1日30分を正しい習慣に振り分ければ5年で約9000時間、10年で約1800時間になります。短期で結果を得ようとせずに、長期的な視点で考えましょう。

結論

・医者や弁護士の時給は一般的なサラリーマンの数倍。その差は提供できる価値と希少性の違い。人は時間をお金に換えることはできるが、得られる金額はそれまでに努力して得た資格やスキルに応じて大きな差がつく。

・他人からの賞賛や羨望を得るために、高級車を購入したり、話題のお店に足を運ぶことは、投資に使う元手を浪費したことになる。

・時間をどのように使うかで未来の自分が決まる。1日30分を正しい習慣に振り分ければ5年で約900時間、10年で約1800時間になる。短期で結果を得ようとせずに、長期的な視点で考えるようにしよう。

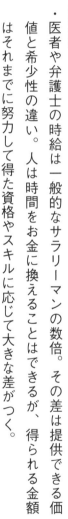

04-08 手に入れた小銭を確認するクセをつける

私が硬貨を3枚しか持ち歩かない理由

私が財布に入れている硬貨は500円玉1枚、100円玉2枚だけです。500円は自分の書籍を販売したときのお釣りとして、100円玉2枚はよく行く健康ランドのゲタ箱とコインロッカーを利用するために使います。買い物で釣銭を受け取ったときは、帰宅後にコイントレーに移します。財布の中に入れる小銭を減らして型崩れを防ぐためです。

海外に出かけるときは、自宅から飛行機に乗るまで硬貨を使う必要がないので、1

枚も持ち歩きたくはありません。しかし、旅先でお世話になった方にお礼として渡すために穴の開いた5円玉硬貨を2枚持って行くようにしています。

時代が進むにつれて、クレジットカード、電子マネー、QRコード決済など支払い方法が増え、硬貨の流通量は減少しています。国としても貴金属を鋳造したり、全国に流通させるコストを削減するために、硬貨の流通量を減らしたいのでしょう。

すべての支払いでポイント還元を受けたい私としては、キャッシュレスの普及はうれしいことですが、支払いを受け取る側のお店は決済システムの導入コストがかかるので大変です。それを考えると、ちょっと複雑な気持ちです。

小銭を大切にする人はお金に好かれる

私が現金支払いをするのは床屋、クリーニング店、温泉施設、歯科医院など、数軒なので、お釣りを受け取る機会は月に1~2回です。

それでも、お釣りを受け取ったあとに必ずやることがあります。それは、額面より高い価値を持つプレミアム硬貨を探すことです。

一番わかりやすいのは１９５１～58年に製造された側面がギザギザしている10円硬貨「ギザ10」です。発行枚数が多いため一番価値が高い昭和33年製でも１枚70円。いい大人が時間を使って差額60円を手に入れても手間に見合いませんが、見つけると不思議と幸せな気持ちになります。

プレミアム硬貨は「ギザ10」だけではありません。１５００円の値がつく昭和62年鋳造の５００円硬貨、１４００円の価値がある平成21～25年製の50円硬貨、そして状態がよければ最高４０００円で取引される昭和62年製の50円硬貨などがあります。

出合える確率は低いですが、穴の空いていない50円玉や穴ズレした5円玉、文字が上下逆に鋳造された硬貨は1枚数万円～百万円で取引されることもあります。

世の中には額面以上の価値を持つコインがあり、発見した人は利益を得られる――そんな世界があることも頭の片隅に入れておいてください。

6年連続、個人納税額1位になった「斎藤一人」さんは、講演で次のようなことをおっしゃっています。

「1円玉の親は5円玉なんだよ。5円玉の親は10円玉、10円玉の親は50円玉で、50円玉の親は100円玉なんだよ」

小銭を大切に扱うからこそ、親も喜び、お礼に来てくれる。
つまり、お金が貯まる人はお金を粗末に扱わないということです。

結論

- もしかしたら、今持っている小銭にプレミアム硬貨が混じっているかもしれない。定期的に、調べてみよう。
- プレミアム硬貨には、1500円の値がつく昭和62年鋳造の500円硬貨、1400円の価値がある平成21～25年製の50円硬貨、そして状態がよければ最高4000円で取引される昭和62年製の50円硬貨などがある。
- 1円玉の親は5円玉、5円玉の親は10円玉、10円玉の親は50円玉、50円玉の親は100円玉という発想を持ち、小銭を大切するから、親がお礼に来る。

04-09 お金持ちも探している「9Zの1万円札」の秘密

果たして、ジンクスでお金が貯まるのか？

金運を上げるために、「パワーストーンを身につける」「手相をペンで書き足す」「財布にお守りを入れて大安の日から使い始める」など、お金が増えるジンクスを守って行動している人は意外に多いものです。

合理的に物事を考える私は、このようなジンクスについて次のように考えます。

・パワーストーンを身につけると石の重さの分だけ自分の動作が遅くなる。

・ペンで手相を書き足すと手が汚れる。またインクが肌に悪い。
・お守りを買うくらいなら、そのお金を投資に回す。
・大安まで財布を使わないで保管するのは機会損失である。

長年投資に取り組んだせいで効率的でない行動を排除する思考ができあがってしまいました。

ジンクスの本当の効能とは？

では私は、験担《げんかつ》ぎをまったくしていないのかというと、そんなことはありません。いくつか実践していることはあります。

私が実践している験担ぎは、金運アップのアイテム「9Zの1万円札」を集めることです。

日本の紙幣は、「記番号」と呼ばれる6桁のアラビア数字と頭と末尾につけられるアルファベットで管理されています。つまり、一定の確率で、「A111111A」

のようなゾロ目の番号が生まれることになります。もちろん、こういった紙幣は希少性が高いため、コレクター間では額面の2倍以上の価格で取引されています。

ゾロ目紙幣を入手する方法があれば、確実に儲かりますが、そのような方法はありません。となると、次に何を狙うのか？

0〜9の数字で最も大きくパワーが強い「9」、A〜Zのアルファベットの中で最終、最高の意味を持つ「Z」。この2つが組み合わさった末尾が「9Z」の紙幣で、なおかつ最高額の紙幣である1万円札。

お金持ちの間では、この「9Zの1万円札」を財布に入れておくと金運が上がるといわれています。

私がこの話を聞いたのは7年前。友人の不動産投資家が「やっと入手できた！」と騒いでいるのを目にしたときでした。

基本的に、験担ぎに興味がない私ですが、なぜか気になって、オークションサイトを確認しました。すると、「9Zの1万円札」が1枚1万5000円で取引されていることを知り、それ以降手にした1万円札を確認するようになりました。

「9Z」紙幣に巡り合う確率は240分の1。記番号は0~9の数字と、数字に混同されやすいI（アイ）とO（オー）を除いたアルファベット24文字の組み合わせだからです。以前、銀行で1000万円を2度出金した際に確認しましたが、発見できたのは4枚。確率的には8枚見つかるはずですが、一定数のコレクターがいるため、市場で出合える確率は500分の1くらいの感覚です。

「9Zの1万円札」を意識したことで、現在、私の手元には8枚が集まりました。正直「手にしたことで金運が上がったのか?」について知ることはできません。なぜなら、手にしていない自分と比較できないからです。

ただ、このことからわかったのは「お金が貯まる人はお金に対する関心が高い」ということです。「金運が上がるかもしれない」と聞けば習慣に取り入れ、収集を始める。手に入れたあとは「自分は金運が上がったはず!」と信じる。

つまり、**ジンクスを利用することで、お金を増やすための思考を加速させることになるのです。**

また、お金に関心が高い人同士が出会った際、「9Z」紙幣の話がフックになることもあるはずです。所有するまでの苦労話や逸話があれば会話もふくらみ、初対面の人とも良いご縁がつながるはずです。
つまり、「お金に関心が高い人は、何気ない験担ぎからお金のご縁を作り出す」――それが験担ぎの本当の効能なのです。

結論

・「パワーストーンを身につける」「手相をペンで書き足す」「財布にお守りを入れて大安の日から使い始める」など、お金が増えるジンクスを守って行動している人は多いが、そのこと自体に特にメリットはない。
・日本の紙幣は一定の確率で「A111111A」のようなゾロ目の番号が生まれる仕組みになっている。こうした紙幣は希少性が高いため、コレクター間で、額面の2倍以上の価格で取引されている。ゾロ目紙幣はなかなか入手できないため、代わりに珍重されているのが、末尾「9Z」の1万円札。
・お金が貯まる人はお金に対する関心が高い。そのため、「金運が上がるかもしれない」と聞けば習慣に取り入れる。つまり、ジンクスを利用することで、お金を増やすための思考を加速させている。

04-10

付き合う友だちで人生が変わる

「朱に交われば赤くなる」のが人間の習性

「自分と時間を共有する人5人の平均年収が自分の年収」――アメリカの有名なコンサルタントが、このような言葉を残しています。

私は、この言葉はおおむね正しいと考えます。

たとえば、医師の場合、大学時代の同級生や先輩、後輩は医者になります。職場の同僚や上司も医者、学会に行っても同業者と顔を合わせることになります。

あるいは、高い収入を得ている人は、利用するお店や乗る車にお金をかけますが、収入の低い人はそれらにお金をかけられません。つまり、学歴、仕事、収入により行動範囲が変わるため自分が出会う人は必然的に同じ階層の人になるということです。

私が海上自衛隊の護衛艦で勤務していたとき、時間を共有する人は職場の同僚でした。年間230日も船の中で働いて帰宅できないのですからほかの選択などありません。多くの隊員の関心は、外出してパチンコやパチスロなどの賭け事と飲酒。私は自分で苦労して稼いだお金を遊興費ではなく、「旅行やスキーなどの体験に使いたい」「バッグや靴など長く使えるいいものを買いたい」と考えていたため、会話がかみ合うことはありませんでした。

むしろ、話が合うのは、自己啓発や投資セミナーで出会う受講者の方々でした。

お金持ちになりたければお金持ちと付き合おう

私は30代前半で、「職場の色に染まる人は、賭け事や飲酒でお金を減らす」「投資家と時間を共有すればお金に関する知識が増えて資産が増える」と気づきました。

強い意志を持たない人は、職場での人間関係を優先して同僚や先輩と行動をともにします。つまり、休日は、ギャンブルに興じて、夜は勝っても負けても酒を飲む。

船で勤務する自衛官は、職場で食事が無料で提供され、給料が3割増で支給されている安心感がむしろ仇となり、浪費癖が身についてしまう人が多い。やがては、ギャンブルをする金を借りるために消費者金融をハシゴする隊員を何人も見ました。

古くからある日本のことわざに「朱に交われば赤くなる」があります。**「人間は、付き合う人の良し悪しによって善悪どちらにも感化される」**という意味です。

私が同僚や先輩のようにギャンブルに溺れなかったのは、早い段階で、使うべきお金の方向が見えていたからです。一時の快楽を味わうことより、**「価値あると思えることに支出する」「自分のステージを上げることに投資する」**ことを優先したのです。

人は目指す目標がなければ、お金を使ってしまいます。

一方、自分が実現したいことを達成するためにはお金が必要になります。

自分の進みたい方向が見えていない人も、夢を実現するときにお金が必要になるのなら、将来に備え貯金しておくことが、自分の夢を実現する近道になるのです。

結論

・高収入の人は、利用するお店や乗る車にお金をかけられるが、低収入の人はかけられない。つまり、学歴、仕事、収入により行動範囲が変わるため、自分が出会う人は必然的に同じ階層の人になる。なので、「自分と時間を共有する人5人の平均年収が自分の年収」となる。

・人は「朱に交われば赤くなる」生き物。職場の色に染まる人は、その職場の人たちと同じような人生をすごすことになる。お金持ちや投資家と時間を共有すればお金に関する知識が増えて資産が増える。

・自分が実現したいことを達成するためにはお金が必要になる。もし、お金がなければ、実現したいことが見つかったときに困ることになる。今は夢が見えていなくても、見つかったときに備えて日頃からお金を貯めておこう。

第5章

節約を極めることで「金持ち脳」が手に入る

05-01

節約思考が生み出す、お金持ちになるための思考法

節約が作り出す「お金が増える好循環」

お金は人生のすべてではありませんが、自分や家族を助けてくれる頼りになるツールです。

置き場に困らずに、さまざまなモノやサービス、体験に交換可能、使い方によっては時間さえ買うことができます。ただし、便利すぎるがゆえに出費を抑えられず、給料日前になるとほとんど手元に残っていないというのは、よくあることです。

生活費を下げることには、今の支出だけでなく、未来の支出を下げ、必要な老後資金さえ減額する効果もあります。また、限られた予算でやりくりする力がつくと、価格に見合った商品を厳選して、購入したモノを長く使えるようになります。結果、身のまわりはスッキリしてさらにムダはなくなり、毎月の貯蓄金額が増える流れを作り出すことができます。

生活費を抑える習慣が身につくと、心の安定が手に入ります。少ない生活費で暮らせることは、万が一収入が減っても生活に困らない体制を築けたことになります。つまり、人生における不安のうちで最も大きなウエイトを占めるお金の心配が小さくなるため、心豊かに暮らせるようになるのです。

月収100万円を稼ぐ高額所得者も、毎月100万円支出していては心の安定は得られません。なぜなら、来月支出する100万円を手に入れるために、働きつづけなければならないからです。

見栄やプライドを手放すことができれば、支出は大幅に減ります。また、稼ぎつづけなければならないというサイクルから抜け出せます。まさに「足るを知る」生き方です。

手元にお金が残らないという人は、大小さまざまなムダな支出を繰り返しているはずです。

今すぐ禁煙して、毎年10万円ずつお金を残そう

細かい支出カットの1つとして、私が強くおすすめしているのが禁煙です。

1日10本タバコを吸う人は、吸わない人に比べて毎日280円を余分に支出することになります。それなりに収入がある人からしたら大した額ではないでしょうが、タバコを吸いつづける限り、1カ月で8400円、1年で10万円強、10年で100万円以上の支出が発生します。

また、喫煙者は、生命保険の禁煙者割引が適用になりませんし、室内で吸うことで、壁紙やOA機器にダメージを与えます。そして最大のリスクは、ご自身やまわりの人たちへの健康被害です。喫煙者は一時の満足感を味わうためにわざわざお金を出してガンや脳卒中のリスクを高めているのです。

そのうえ時間も失います。分煙化が徹底されている現代は、喫煙エリアまで行って吸わなければなりません。仮に、喫煙エリアへの往復時間と1本吸うのにかかる時間の合計が10分だとして、1日3回喫煙エリアに行くだけでも、30分もの時間を使うことになります。あるいは、自宅で吸うとしても、喫煙中はぼんやりしていたり、何かをしていたとしても片手間になるわけですから、時間をムダにしていることになります。

もちろん、喫煙が縁で人間関係が深まる、喫煙所でのコミュニケーションがいい情報交換になるということもあるでしょう。しかし、よく考えていただきたいのが、「その費用対効果はどうか？」、つまり「1日あたり数百円、数十分のコストに見合うだけの成果を得られているか？」ということです。おそらく、健康被害などのデメリットまで含めると、回収できている人はいないのではないでしょうか。

結論

・生活費を下げることには、今の支出だけでなく、未来の支出を下げ、老後資金を減額することにもつながる。限られた予算でやりくりすることで、本当に必要なモノを長く使うようになり、身のまわりからムダはなくなる。
これにより、毎月の貯蓄金額が増える流れを作り出せる。

・たくさんお金を稼いでいても、稼いだ額を使っていたら、いつまでもお金は貯まらず、働きつづけなければならない。見栄やプライドによる支出を減らすことで、お金が手元に残るようになり、稼ぎつづけなければならないというサイクルから抜け出せる。

自分にとって見栄やプライドからお金をかけているものがないか確認してみよう。

（　　　　　　）（　　　　　　）（　　　　　　）（　　　　　　）

・最も取り組んでほしい節約の1つに禁煙がある。タバコを吸うと、タバコ代だけで年間数万円支出することになる。また、健康被害やまわりの環境に悪影響を与えることを考えると、「百害あって一利なし」の典型。

05-02 節約思考の人とどんぶり勘定の人が不動産投資をやったら？

節約思考とどんぶり勘定の違い

節約思考がしっかり身についている人は、日頃から細かいお金の出入りを気にします。買い物1つとっても、購入する商品の良し悪しをじっくり吟味することはもちろん、送料や手数料、還元されるポイントや使い終えたらフリマで売ることまで考慮したり、複数の販売店を比較します。そうすることが、損を防ぐことだとわかっているからです。

それに引き換え、どんぶり勘定の人は、細かい出費をいちいち気にしません。「値段が数パーセント違っても大して変わらない」「細かいことを考えるのが面倒くさい」

と、思っているからです。

結果的に、どんぶり勘定の人はいつも損をしているように見えますが、こういうタイプは、芸術やクリエイティブなことが得意な人が多く、細かい出費に気を配るよりも、「人生のすべてを賭けて作品作りに没頭している」とか、「大局的な判断をするため細かな損失を気にせず受け入れる」という器の大きな持ち主だったりすることもあります。

¥ 細かいことにこだわれる人が不動産投資で成功する

私がやっている不動産投資に関していえば、どんぶり勘定の人より、節約思考の人のほうが圧倒的に向いています。

いうまでもなく、不動産は人生で一番高い買い物です。多くの人は、物件の良し悪しを見極められずに、セールスマンの営業トークに流されて、なんとなく購入を決めています。衣類や食料品と違って、一生のうちに何度も購入するものではないので、比較・検討するための知識や能力が養われていないのです。

ところが、節約思考の持ち主は、日頃から細かい支出について考えるクセがついているので、営業トークを聴いても鵜呑みにせず、疑問に思ったことを質問して問題点を解消します。つまり、物件のネガティブな部分に冷静に向き合い、本当の物件の価値を見抜くための行動を起こすのです。

また、融資の金利にもこだわります。3000万円を1パーセントで借りた場合、支払う金利は年間30万円。完済するまで払いつづける必要がありますから、0・1パーセントでも安いにこしたことはありません。契約前に複数の金融機関のローンを比較検討することで金利を低く抑えられると、最終的に支払う金利の総額を減らすことができるのです。

一棟物の不動産投資をする場合は、動かす金額がさらに大きくなります。屋根や外壁、階段、共有部の清掃、消火器の有効期限、敷地内の植栽など、契約前に幅広いことに目を光らせ不具合を見つけ出す必要があります。

もちろん、初めからこれらを見抜く目を持ち合わせる人はほとんどいません。しかし、細かいことまで突き詰める性格は、こういった場面で頭がフル回転して負の想像力が働きます。

屋根を塗り替えたら数百万円。階段塗装や植栽剪定をするだけで10万円、空室のハウスクリーニング費用が数万円など、契約前に改善を求めなければ、自分の資金を持ち出すことになるのです。

節約を突き詰めて培った経験や思考は、不動産投資のリスクの芽を事前に摘むことに役立ち自身を大きく助けてくれることになります。

どんぶり勘定な人であっても大きな仕事に取り組むことで、大きな資産を作ることはできます。しかし、**細かい支出を減らすことを突き詰めることは、誰でもリスクなく取り組める**ことなのです。

ぜひご自身や家族のムダな支出を見直しつつ節約思考を磨いて、不動産投資に取り組んでみてください。きっと、「億」の資産を築くことができます。

結論

・節約思考が身につくと、買い物をするときに購入する商品の良し悪しはもちろん、送料や手数料、還元ポイント、使用後にフリマに出品することまで考慮できる。最も有利な条件で買い物ができ、損失を徹底的に防げるため、お金が手元に残る。

・節約思考の持ち主は、日頃から細かい支出について考えるクセがついているので、営業トークを聞いても鵜呑みにせず、疑問に思ったことを質問して問題点を解消する。自分が買おうとしているモノのネガティブな部分に冷静に向き合い、本当の価値を見抜くために行動を起こす。

・節約思考の持ち主は、融資の金利にもこだわる。マイホーム、マイカーのローンを組むときに、複数の金融機関のローン金利を比較して、少しでも金利を低く抑えて、最終的に支払う金利の総額を減らす。

05-03 節約思考の持ち主はそもそも少数派である

仕事がつらいと給料が高くてもストレス発散に使ってしまう

私は子どもの頃から勉強が不得意でしたが、普通の人が見落としがちな「よけいなこと」に気づく性分でした。

そんな性分の持ち主だったので、組織が掲げるスローガンなどを見ると「できない理由や矛盾点にいち早く目がいく」組織の中で働くのに適さないタイプでした。

しかし、今、振り返るとそんな性格で良かったと考えています。

なぜなら、掲げられたスローガンに疑問を持たずに同調していたら資産を築いて、アーリーリタイアはできていなかったと思うからです。

私が勤めていた海上自衛隊では、飛行機や潜水艦、艦艇で勤務していると給料は3～5割増しになります。もちろん、国がそれだけ高い手当を払うということは、引き換えに、長時間の拘束や身体的、精神的苦痛に耐えるということです。

しかし、苦痛と引き換えに高い給料をもらっていても、余裕ある生活を送っている同僚はほとんどいませんでした。

高い給料をもらっても、高い税金、社会保険料を支払い、残ったお金をストレス発散のギャンブルや飲酒などで散財してしまい、お金は残らないのです（第1章「01－07　あなたの貯金が増えない3つの原因」参照）。

逆に、節約思考で物事を考える人は、高い給料をもらっていなくても資産を増やせるようになります。なぜなら、節約思考の人は、ストレス発散のための散財や余分な生活コストを抑えることができるため貯金が積み上がります。増やした元手を投資に回すことで、複利の力で資産をふくらませることができるようになるのです。

ポイントを貯める人は一生のうちに300万円以上得する

節約思考の人がどれくらいの割合いるのかを調べる手立てはありません。

しかし、経済産業省は2025年までにキャッシュレス決済の比率を主要各国並みの40〜60パーセント台を目指して政策を打っています。

節約思考の強い人は、現金で決済することをムダだと考え、すべての決済をクレジットカードで行ない、ポイントやマイルを貯めていると仮定すると、10パーセント未満ではないかと予想されます。

なぜなら、買い物をするときに3枚のカードを提示して「お店のポイント1パーセント」「デパートのポイント0・5パーセント」「クレジットカードでマイル」を貯められたら、店側は5パーセント程度の利益を削られることになるからです。

書籍の場合、一般的な書店の粗利は22パーセント。そこから人件費や地代を支払うことを考えると「現金で払う人」「ポイントを集めない」客が絶対数を占めているので、ポイント還元をしていても経営が成り立っている。このように考えられるからです。

ＩＴ化の流れにより、インターネットでお得な情報を集めることは簡単にできます。逆に誰もが知ることができるようになったことで、効率よくポイントを貯める人が増えました。そのせいか、最近では企業側が「還元率の減額」「新規カード発行者は恩恵を受けられない」「還元ポイントの上限設定」などの防衛策をとることが多くなりました。

目ざとい人はお得なキャンペーンにいち早く乗って、バカにならない額のポイントを得ているのです。

つまり、今の時代は節約思考に切り替えるのに必要な情報を得ることは簡単であり、手間を惜しまなければ実行できるということです。

ポイントを獲得することに喜びを感じられるようになったら、もう占めたものです。

サラリーマンの生涯年収は2～3億円。生涯に1億円の決済をすると仮定した場合、現金払いした人が得られるポイントは0ポイント。3パーセントポイント還元のクレジットカードで支払ったら300万ポイントが得られます。

ポイントを集めた人、集めなかった人との差は生涯で車1台分以上の差がつくことになります。

結論

- 節約思考で物事を考えると、高給取りでなくても資産を増やせる。なぜなら、節約思考の人は、ストレス発散のための散財や余分な生活コストを抑えられるため貯金が貯まる。そのお金を複利効果を活用して資産をふくらませる。
- 節約思考の人は、すべての決済を現金ではなくクレジットカードで行ない、ポイントやマイルを貯めている。しかし、ネットで情報が拡散したせいで、ポイントやマイルを効率的に貯める人が増え、企業側が還元に上限を設けるなどの対策をとるようになってきた。
- 3パーセントポイント還元のクレジットカードで生涯に1億円の決済をした場合、300万円分のポイントが還元される。現金決済した人と比べると、車1台分以上の差がつく。

05-04 私が不動産投資を選んだ理由

副収入を得られると人生が豊かになる

「もし、月給のほかに1万円の副収入があったら助かる」と思ったことはありませんか？

もちろん、この1万円は残業することも、アルバイトすることもなく得られる不労所得です。

年間12万円とはいえ、何もしないで振り込まれる収入があると心の余裕が生まれます。

仮に、不労所得が月10万円だったら「人生が豊かなモノになる」ことは容易に想像できるのではないでしょうか。

さらに、月30万円まで増やすことができたら、今の勤め先を辞めることも視野に入れることができるはずです。

不労所得を得る方法は、作詞作曲、出版印税、特許や商標権、株式配当、FXのスワップポイントなどさまざま存在します。

しかし、一般人が作詞作曲したところで世間に注目されることは稀です。この分野で十分な収入を得られる人は0・1パーセント未満です。特許や商標登録を申請するのにも専門的な知識が必要です。

年5パーセントを超える株式配当やFXスワップポイントを受け取れる投資も存在しますが、株価やFXは企業業績や国の政策により価値が大きく変動します。つまり、大きく値上がりする可能性がある代わりに、値下がりして投資資金を減らす可能性もあるのです。

かつて私も不労所得を得るために株やFXに手を出したことがありますが、何度か痛い目にあい資産を減らしました。最後に行き着いたのが不動産への投資でした。

素人でも勝ちやすいのは不動産投資

もちろん、不動産投資も利回りだけに釣られて安易に飛びつくと、痛い目にあいます。しかし、検討している物件を居住者目線で良し悪しを見抜くことができれば、不労所得を生み出してくれる優良な物件を選ぶことができます。

新宿駅徒歩3分、築20年、広さ20平方メートルのワンルームの家賃相場は10万円。類似した物件を1時間も検索すれば同じエリア内の賃料相場をつかむことはできます。もちろん、実際の賃料は部屋の向きや階層、修繕状況により変わりますが、そのあたりの情報は周辺の不動産業者に訊ねることで把握できます。

ここで「不動産屋が飛び込みで現れた見知らぬ客に専門的な見解を無料で教えるかな?」と疑問に思う方もいると思います。しかし、今まで情報を出し渋った業者に出会ったことはありません。それは、聞き込みをしている人が不動産を購入したあと、その物件管理をまかせてもらえたら、自分に仲介手数料や管理費が入るため、〝将来オーナーになるかもしれない人〟を邪険に扱うのは損であると心得ているからです。

不動産の価値は周辺環境により変化するものです。近くにあった大学や工場などが移転した場合、大幅な家賃下落が起こります。逆に、最寄り駅に新しい路線が乗入れ延長された。大型ショッピングモールがオープンしたなど、その地域の利便性が上がれば価値も上がります。

大学や工場が〝突然〟閉鎖したり、引っ越しをすることはありません。また、デパートや商業施設が〝突然〟作られることもありません。大きな施設の移転や建設は事前準備が必要であり、移転・建設計画は数年単位で行なわれます。つまり、**周辺情報に目を向けていれば素人であっても「ピンチを避けてチャンスをつかめる」のが不動産投資なのです。**

ＦＸや株の取引は動きが早く、情報の少ない素人は出遅れて、カモになりやすい傾向があります。しかし、不動産投資であれば変化のスピードが遅いため、情報収集を心がけていれば流れに遅れることもないのです。

大切なのは、物件購入をする前に、借りる人の目線で物件を分析をして値段が適正かどうかを見定める力を持つことです。専門的な知識や資格がない素人でも取り組みやすく不労所得を得やすい投資なのです。

結論

・不労所得を得る方法は、作詞作曲、出版印税、特許や商標権、株式配当、FXのスワップポイントなどがある。しかし創作分野で成功できる人はほんの一握りしかいない。また、株式、FXへの投資は始めやすいが、企業の業績や国の政策により価格が大きく変動するので、大きく値上がりする可能性がある半面、値下がりして資金を減らす可能性もある。

・FXや株は値動きが早く、情報の少ない素人は出遅れて、カモになりやすい傾向がある。しかし、不動産投資であれば変化のスピードが遅いため、情報収集を心がけていれば素人でも流れに乗り遅れることはない。

・不動産投資の場合、購入を検討している物件を居住者目線で良し悪しを見ることで、素人でも優良な物件を選ぶことができる。また、物件近くの不動産屋から直接情報を聞くことも難しいことではない。

05-05

絶対に副業をしておいたほうがよい、これだけの理由

副業解禁は会社とサラリーマンの双方にメリットがある

副業と聞くと、「会社の就労規則で禁止されているので無理」と考えて行動を起こさない人も多いのではないでしょうか？

しかし、日本の副業解禁元年は2018年。国は「働き方改革」を推奨していて、ソフトバンク、ユニチャーム、エイチ・アイ・エス、新生銀行など一部の企業では始まっています。

企業が社員に副業を認める理由は次の3つです。

①副業を解禁することで、「先進的な企業風土がある会社」と認知してもらうことができ、優秀な人材を確保できる。
②独立起業を考えている社員の離職を思いとどまらせることができる。
③社員が副業で獲得したスキルや人脈を本業に活かせる。

この3つ以外にも「国があと押ししていることなら遅かれ早かれ多くの企業は導入することになる。それであれば、早めに導入したほうがメリットがある」といった打算もあるに違いありません。

一方、社員のほうも副業が許可されている企業で働くことには大きなメリットがあります。

本業から安定した収入を得ながら、就業時間外に自分の興味あるビジネスに挑戦できます。仮に、1日1時間を使うことで得られた利益が月1万円なら時給は333円。しかし、仕事のコツをつかんで労働時間を増やせば、稼げる金額を増やせます。
「投資」「物販」「ライティング」「YouTube動画の作成」など、取り組むものに違いはあっても、自分のスキルを高めて収入を増やすことは楽しいはずです。

また、**副業に取り組むことは、必然的に「経費」や「税務」と向き合うことになるため、経営者の目線でビジネスを考えるようになります。**また、会社の仕事とは別の交友関係も広がり、投資、法律、節税などに詳しい人と話す機会も増えて、自己成長することができます。

副業のデメリットとリスクについて知っておく

副業をすることとの最大のデメリットは、自分の自由な時間や家族と向き合う時間が削られることです。また、どんな副業であろうと「投下した資金を回収できない」、あるいは「投資資金が元本割れする」リスクがあります。始めるのにあたって、多少なりとも資金を準備しておく必要があります。

しかし、私はこうしたデメリットやリスクがあっても、会社以外から収入を得る方法を模索することをおすすめします。

仮に、本業で月収を3万円増やしたいと思っても、それだけ増やすには数年かかるでしょう。それに対して副業であれば、うまくいけば数カ月で達成することが可能です。さらに、利益率の高い仕事を見つけ、効率よく取り組むことで月に10万円、20万円と増やすことができます。

時代の変化が激しく、大企業でも終身雇用を約束することが難しい時代になりました。そんな時代だからこそ、安定した収入を得ているうちに、自分で稼ぐ力を身につける必要があるのです。

初めのうちは、副収入を得るために自分の時間を削られることにストレスを感じると思いますが、収入を得られるようになると面白くなり、投資や副業にのめり込むようになります。また、副業で収入を得ることは、その収入を得るのにふさわしい能力を身につける必要があります。逆にいうと、稼ぐ実力が身についたら、身についた分だけ収入は増えることになるのです。

日本航空、協栄生命、そごう、倒産。シャープ、ダイエーなど、経営危機におちいった大企業がたくさんあることを考えると、「定年まで今の会社で働きつづけることができる」と断言できる人はほとんどいないはずです。**余裕がある今のうちに〝転ばぬ先の杖〟ならぬ〝困らぬ先の副業〟を始めておきたいものです。**

結論

・会社が副業を解禁しているのであれば、始めない手はない。本業から安定した収入を得ながら、就業時間外に自分の興味あるビジネスに挑戦できる。また1日1時間でも取り組むことで利益を得られる。また、仕事のコツをつかめば、稼げる金額を増やすことも可能。

・副業のデメリットは、「自分の自由な時間や家族との時間が減る」ことに加えて、「投下した資金を回収できない」「投資資金が元本割れする」など、リスクがゼロではないこと。

・デメリットやリスクがあってもサラリーマンは副業をやったほうがよい。本業で月収を増やしたいと思っても、会社や世間の景気次第なので、年収を上げるのに時間がかかる。副業であれば、数万円稼ぐことは数カ月で達成できるうえ、効率を上げることでさらに金額を上げることも可能。

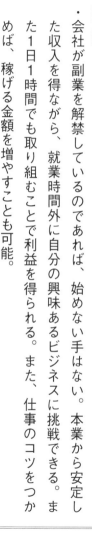

05-06 リスクが低いメルカリで商売の基本を身につけよう

メルカリを始めたほうがいい人、やらなくてもいい人

メルカリとは、「モノを売りたい人」「買いたい人」をオンライン上でマッチさせるフリマアプリです。運営しているのは2018年に株式上場した日本企業です。

もし、あなたが次のように思われるのであれば、メルカリはやる必要はありません。

・不要になった衣類や本などをメルカリで売ったところで得られる金額はたかが知

れている。

・商品を撮影して、説明、状態を書き込んで出品、売れたら、梱包、発送。仮に1000円で売れたとしても、メルカリに10パーセントの手数料を差し引かれるし、送料もかかる。そんな金額だったら、うま味はない。

・ネットのフリマなんかに時間を使うのはもったいない。

しかし、部屋に「捨てるのは忍びない不要品が30個以上あり」、それを「お金に換えたい」という人はすぐにでもアプリをインストールして、出品しましょう。

前の項でも言いましたが、投資や副業はリスクをともないます。しかし、不用品をメルカリで売ることとは、どうでしょうか？　出品や発送作業に多少時間を使いますが、手元にあるモノを売るだけですから、金銭的な損失をこうむることはありません。

部屋の隅に埋もれていたモノが1つずつお金に換わる。おこづかいが増えるうえに、部屋が片づきます。

また、物販を経験すると「空瓶」「無料のパンフレット」「松ぼっくり」「鹿の角」「貝殻」など、価値がないと思っていたモノが高値で取引されていることに気づきます。

さらに、大きさや重さが異なるさまざまなモノを発送する機会が増えるため、最適な輸送手段を選ぶ力も身につきます。

購入者に興味を持ってもらえる商品の撮り方や説明を工夫したり、適切な値づけや信頼されやすいプロフィール作り、購入者が安心して取引できるようなコメントを選ぶことで自分のアカウントの評価を高めるなど、商売の基本を学ぶことができます。

スマホ1つでいつでも副収入をゲットできる

商売感覚が磨かれると、『鬼滅の刃』を全巻購入して読後に購入金額以上で転売できたり、無料で受け取ったアメニティを売ることができるようになります。

商品を購入するときはクレジットカードでポイントやマイルを貯めて、自宅まで無料配送してもらう。そして、梱包されていた箱をそのまま使って出品するので、余分なゴミも発生しません。

私自身の経験では、沖縄の離島を訪れた際に1升2000円の泡盛を購入して、すぐにメルカリに1万円で出品。帰りのフェリーの中で注文が入り、下船後にコンビニで発送を済ませ、2日間で5000円以上の利益を得ることができました。このように旅行中でも利益を得られるようになります。

モノが売れたということは、「必要としている人の元に旅立ったということです」。「そこに利益が発生したということは、他人が必要としているモノを相場より安く仕入れる力があった」だけなのです。

皆さんの中には、使っていないスマホやタブレットなどを引き出しの中に眠らせている人もいると思います。それをメルカリに出品すれば、誰かの役に立つばかりか、お金に換わります。

メルカリはスマホ1台で出品、購入、入出金の操作ができます。ぜひ、うまく使いこなして、家の不要品をお金に換えながら自分の商売感覚を磨いてください。

結論

・部屋に「捨てるのは忍びない不要品が30個以上あり」、それを「お金に換えたい」のであれば、すぐにメルカリを始めよう。メルカリで不要品を売ることは、投資や副業と違い、リスクがゼロ。不要品が片づくうえにお金も増えるなどメリットだらけ。

・メルカリで物販を経験すると、「空瓶」「無料のパンフレット」「松ぼっくり」「鹿の角」「貝殻」など、自分では「価値がない」と思っていたモノが高値で取引されていることに気づき、商売感覚が磨かれる。

・商売感覚が磨かれると、人気コミックを全巻購入して読後に購入金額以上で販売できたり、無料で受け取ったアメニティに値段をつけて売ることができるようになる。さらに、商品を購入するときにクレジットカードで決済することでポイントやマイルを貯めることができる。

おわりに
——「節約脳」をきたえて、本当に豊かな人生を手に入れる

最後までお読みいただきありがとうございました。

初めの頃こそ面倒で効果が低いと思っていた節約ですが、今振り返ると、自分の人生を大きく変えることだったと改めて実感しています。

私が28年間勤めた自衛隊を退職した最大の理由は「幹部としての仕事に魅力を感じなかった」「受け取る俸給が労働に見合っていない」と感じたからです。

大多数のサラリーマンは定年まで、ときには定年後も、ローン返済のために働きつづけなければならないこともあるでしょう。

家族のために、やりたくない仕事を続けることは一家の大黒柱として立派な行動だと思いますが、自分を疲弊させることにもなります。

私が退職を選ぶことができたのは「資産」「資産を守る知識」「資産を失っても少額の生活費で生きられるノウハウ」を持っていたからです。

多くのサラリーマンがそれなりの給料をもらっているにもかかわらず、豊かな生活を送れていないのは、お金に関する知識が不足していることが原因です。

山奥の廃校で暮らす、あるニートたちの1カ月の生活費は1・8万円。この費用にはインターネット代、食費も含まれます。1日中、Netflixを見る、趣味に没頭する、野山を散策するなど自由なことをしてすごしてこの金額なのです。

サラリーマンの月給で1年間生活できるので、収入を得るために使う時間は数日で済むのです。

私は、ここまで極端な支出カットを推奨しているわけではありません。しかし、便利な都会を離れ「自給中心の生活に切り替えたら、お金の悩みから解放される」ということを頭の隅に入れておいていただきたいのです。

現代は競争社会です。もちろん、この構造のおかげで経済が発展して暮らしが便利になりました。その半面、心を病んだ人、自殺する人を生み出したのも事実です。資本主義では、一握りの勝者が「巨万の富を手にする」「出世競争に勝ち残る」世界のため、一握りに入れないその他多数は、納得のいく収入を得られないことになります。

そんな状態でも、自分らしく生きる生活を実現させるのに役に立つのが、節約や投資などお金に関する知識なのです。

「やりたくないことにしがみついて安定した生活を送る」「やりたいことを選択して不安定な生活を送る」——どちらを選択するのも個人の自由です。しかし、お金に関する視野が広がると「ストレスなく自由に生活する」ことを選択肢に加えることができるのです。

ぜひ、投資や副業に取り組んで、金銭的な不安を払拭してください。また、そのための元手作り、基本的な考えを学ぶのに役に立つのが節約であることを忘れないでください。

最後になりましたが、貴重な人生修行の場を与えてくれた海上自衛隊、そこで出会った方々にお礼を申し上げます。

この本が、お金に関する悩みを抱えている人の問題解決に役立ち、豊かな人生を送れるようになることをお祈りいたします。

令和3年5月吉日　　生方 正

〈参考資料〉

■ 書籍

『元営業部長だから知っている　不動産投資騙しの手口』（前田浩司、秀和システム、２０１９年）
『トップ１％の超お金持ちになりたいなら『お金の常識』にダマされるな！』（田口智隆、秀和システム、２０１９年）
『なぜ、あの人は「お金」にも「時間」にも余裕があるのか？』（岡崎かつひろ、きずな出版、２０１９年）
『仕事が速い人は、「これ」しかやらない ラクして速く成果を出す「７つの原則」』（石川和男、ＰＨＰ研究所、２０２０年）
『ユダヤ人大富豪の教え』（本田 健、大和書房、２００３年）
「売り物のない不動産屋になぜ行列ができるのか？　Part2」（板橋祐斗ほか、カナリア書房、２０１６年）
『ルポ西成　～七十八日間ドヤ街生活～』（國友公司、彩図社、２０２０年）
『斎藤一人　天も応援する「お金を引き寄せる法則」』（柴村恵美子、ＰＨＰ研究所、２０１５年）
『「山奥ニート」やってます。』（石井あらた、光文社、２０２０年）

■ Podcast Radio

「海外ブラックロード」　http://www.blackroad.net/blackroad/
「スタジオスモーキー　―旅と街歩き時々出会い―」　http://studiosmoky.seesaa.net/
「副業解禁！　稼ぐ力と学ぶ力」　https://fukugyou-academy.com/podcast-list/

■ YouTube

「新貧乏ながら気楽な人生ＴＶ」　https://www.youtube.com/channel/UCgzwmYq4a2wtLKngVxoBYmg
「両学長　リベラルアーツ大学」　https://www.youtube.com/channel/UC67Wr_9pA4l0gIlxDt_Cpyw
「侯者の流儀」　https://www.youtube.com/channel/UCdoqNcqLb6b1qPzZW8wAIbg

生方 正（うぶかた ただし）
明治大学サービス創新研究所研究員
高校卒業後に海上自衛隊に入隊、映像に関する部内教育を受けたのち写真員として「インド洋給油支援活動」など多くのミッションに参加。撮影した写真は、国内外の新聞、雑誌、TVに採用され、その功績により7度の表彰を受ける。勤務のかたわら、各種節約術を駆使しながら、国内株式、金の現物買い、在日米軍に対する不動産投資などを実施することで億の資産を築く。入隊時の目標であった「南極に行く」「幹部自衛官になる」「億万長者になる」のすべてを達成した現在は、アーリーリタイアを遂げ、花粉の飛ぶシーズンは海外に所有する別荘に滞在。それ以外は各国を旅している（訪問国:7大陸33カ国）。著作に『高卒自衛官が実現した40代で資産2億円をつくる方法』（あさ出版）。「日刊ゲンダイ」への寄稿をはじめ、会員数900万人のママ向けメディア「ママスタセレクト」の生活コスト削減コンサルタントとして節約情報を配信中。
テレビ出演:AbemaTV「AbemaPrime」、BS朝日「南極日和」
ラジオ出演:NHK第1「小籔とみちょぱのとりしらベイビー」ほか多数
記事掲載:「PRESIDENT」「日刊ゲンダイ」「マネー現代」「AERA」ほか多数

「金持ち脳」になって自由な人生を手に入れる

攻めの節約

2021年7月21日　第1版第1刷発行

著　者　**生方 正**

発行所　**WAVE出版**
〒102-0074　東京都千代田区九段南3-9-12
TEL 03-3261-3713　FAX 03-3261-3823
Email : info@wave-publishers.co.jp
URL　http://www.wave-publishers.co.jp

印刷・製本　**中央精版印刷**

ISBN978-4-86621-333-0　C0036

NDC365　239p　19cm

WAVE出版のおすすめ本

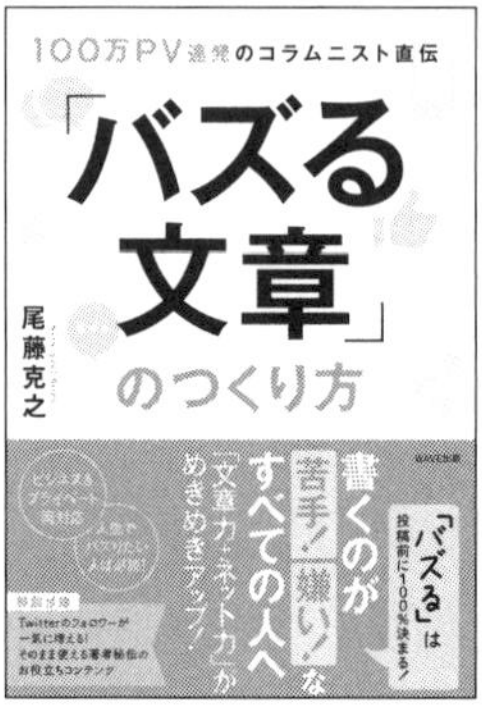

「バズる文章」のつくり方

尾藤克之 著

定価　1540円（税込み）

ISBN　978-4-86621-341-5

「ヤフーニュース」「アゴラ」「JBpress」「ビジネスジャーナル」などのネットメディアで100万PV超の記事を連発する人気コラムニストが、「バズる文章」の書き方を指南する本。これまでの文章術の本では、語られることのなかった「常識外れ」「掟破り」「逆張り」をベースとした独自の思考とテクニックを初公開。書くのが苦手、嫌いなすべての人のために役立つヒントが満載です。